民大記憶
珍稀手稿

王鍾翰手寫甲子日記

受業李德龍敬題

中央民族大學民族博物館 編

王鍾翰 著

學苑出版社

圖書在版編目（CIP）數據

王鍾翰手寫甲丁日記 / 中央民族大學民族博物館編. --
北京 ：學苑出版社，2019.12
ISBN 978-7-5077-5868-9

Ⅰ. ①王… Ⅱ. ①中… Ⅲ. ①王鍾翰－日記 Ⅳ.
①K825.81

中國版本圖書館CIP數據核字(2019)第296752號

責任編輯：洪文雄
出版發行：學苑出版社
社　　址：北京市豐臺區南方莊 2 號院 1 號樓
郵政編碼：100079
網　　址：www.book001.com
電子信箱：xueyuanpress@163.com
聯系電話：010–67601101（營銷部）　67603091（總編室）
印 刷 廠：三河市靈山芝蘭印刷廠
開本尺寸：787 × 1092　　1/16
印　　張：21.5
字　　數：340 千字
版　　次：2020 年 12 月第 1 版
印　　次：2020 年 12 月第 1 次印刷
定　　價：86.00 元

王鍾翰先生

王鍾翰先生（左）與費孝通先生（中）、宋蜀華先生（右）在一起

“文革”中，王鍾翰先生（中）奉上級指示參與中華書局《二十四史》點校工作（前排左三爲白壽彝、右四爲顧頡剛、右二爲翁獨健、右一爲陳述，后排右一爲啓功、左一爲周振甫）

2003年在慶祝王鍾翰先生90華誕學術研討會上先生與衆弟子合影

王鍾翰先生（左）與季羡林先生（中）和啓功先生（右）在親切交談

王鍾翰先生與夫人仙逝后安葬於北京萬安公墓，墓碑由先生子女敬立。基座石刻先生生前手書座右銘："行己有耻，博學於文"。碑之正面爲弟子李德龍書寫。

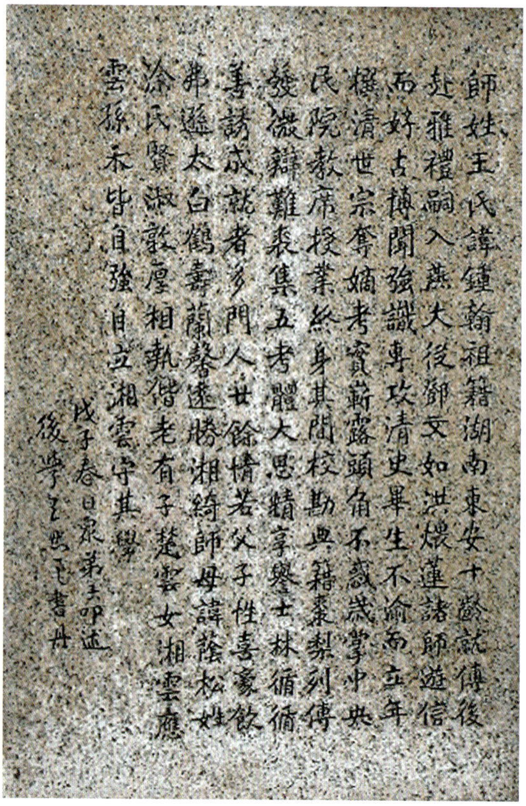

王鍾翰先生墓碑背面碑文由弟子邸永君撰寫，原中共中央宣傳部長、中國社會科學院院長王忍之書丹。

目録

一九五六年

王鍾翰先生與他的《甲丁日記》（代序）

2017年12月12日，是享譽國內外的著名清史、滿族史大家，中央民族大學著名教授，我的恩師王鍾翰先生逝世10周年。在此之際，正式出版《王鍾翰手寫甲丁日記》，是對王師的最好追念。

王鍾翰先生1913年5月25日（民國二年四月二十七日）生於湖南東安，此前一年（1912年，民國元年）正值辛亥革命剛剛推翻滿清王朝，成立民國政府之年。於是，按照王家「國家顯忠臣」的譜序，王先生屬於「忠」字輩，家長給他取名「忠漢」（忠於漢族之意）。那個年代出生的人，取名「忠漢」、「維漢」、「鍾華」、「忠華」等具有反滿擁漢意義的名字者大有人在。王先生15歲在老家應濱學社讀書時，鄉紳席式乾主動將他的名字「忠漢」改為「鍾翰」。鍾者，取三國大書法家鍾繇之姓，「鍾翰」寓意鍾情翰墨。王先生生前曾多次講，「此名改得不俗」，一直沿用終生。

王鍾翰先生16歲入長沙雅禮中學，22歲考入燕京大學歷史系，28歲碩士畢業後留校任教。1946年，赴美國哈佛大學研究院留學深造。1948年秋回國，任燕京大學歷史系副教授兼引得編纂處副主任。1952年全國高校院系調整時，到中央民族學院（今中央民族大學）任教，直至2007年12月12日逝世。先生一生為學從教，潛心研究，學富五車，堪稱泰斗。

1948年，30多歲的王鍾翰先生發表了《清世宗奪嫡考實》一文，洋洋數萬字，徵引繁富，考證精確，剪裁得體，行文流暢，立刻受到國內著名學者葉遐庵和遠在美國的洪煨蓮師的一致激賞，一舉揚名史學界。1957年，王先生集結他的研究成果22萬字，出版了他的第一部專著《清史雜考》（人民出版社1957年9月初版，中華書局1963年再版）。當年，王先生的書稿交付人民出版社排版印刷之時，被錯誤地劃為「右派」，當時規定，教授級別的教師劃為「右派」，必須報請北京市委審查批准，在此過程中，《清史雜考》先於批准王先生為「右派」而出版發行。否則，這部享譽學界的經典著作將會被無情地扼殺。

從 1957 年王鍾翰先生 45 歲時被劃為「右派」，直至 1978 年 10 月，王先生 66 歲時被摘掉「右派」帽子，在這 21 年的時間裡，再也不允許他發表任何文字。人生能有幾個 21 年？而且王先生被禁錮的 21 年正值他的壯年時期！

但是，視學術為生命的王鍾翰先生，始終專心學問，潛心讀書，廣搜資料，校勘古籍。1971 年，先生進入中華書局點校《清史稿》（48 冊，中華書局 1977 年 12 月初版），又獨力校注《清史列傳》（80 卷，中華書局 1987 年 11 月出版）。

從 1979 年開始，迎來了王先生的學術高峰，學術活動持續不斷，學術論著層出不窮，碩果累累。當年，中華書局出版了他通纂的《滿族簡史》，發表了《清代旗地性質初探》等多篇論文。至 1990 年，結集出版了他的第一部專著《清史新考》（遼寧大學出版社，1990 年 7 月）。1993 年出版《清史續考》（臺北華世出版社）。1999 年出版《王鍾翰學述》（浙江人民出版社）、《王鍾翰學術論著自選集》（中央民族大學出版社）。2001 年出版《清史餘考》（遼寧大學出版社）。2002 年出版《清心集》（新世界出版社）。2004 年出版《清史補考》（遼寧大學出版社）。在這期間，先生又主編大型文獻《四庫禁毀書叢刊》（北京出版社 1997 年 11 月出版）、《中國民族史》（中國社會科學出版社，1994 年 12 月出版）等等。

王鍾翰先生不愧是學界的楷模！他的學術積累成就了他豐碩的成果，然而更讓世人讚歎不已的是他那為了學術契而不舍、老當益壯，不待揚鞭自奮蹄的精神！1978 年 10 月，他被摘掉「右派」帽子時已經 66 歲，如今這個年齡的人基本上都已退休在家頤養天年了，而王先生卻每日讀書教書，筆耕不輟，一面培養碩士、博士研究生，一面撰著學術論文。年年都有新作發表。他自己在晚年曾經追述：「從這一年（1978 年）開始，直到 2000 年，平均每年至少有一篇，多則兩三篇」。1993 年，他的第三部論文集《清史續考》出版時，已經 81 歲，2001 年，第四部論文集《清史餘考》出版時，已經 88 歲。2004 年出版《清史補考》時，先生已經 91 歲。學術界無不為其旺盛的學術生命力而感動，當年，中華書局特為王先生結集出版四卷本洋洋 200 萬言的《王鍾翰清史論集》，這一年，卻仍在逐字逐句地校對每一篇文章。

邁入期頤之年的王鍾翰先生，仍未停止學術的腳步，在2004年以後兩三年的時間裡，王先生為《滿漢大詞典》《顧廷龍年譜》等書撰寫序言，2006年11月出版《清史滿族史講義》（遼寧民族出版社出版）。當他為我的博士論文《黔南苗蠻圖說研究》出版寫序時，先生已經住進西苑醫院，離他仙逝僅有一年時間。就在2007年先生西歸的當年，他還參加了中央民族學院歷史系老主任、著名民族史學家翁獨健先生百年誕辰的學術紀念會。王鍾翰先生為了學術真正是鞠躬盡瘁，死而後已！

我是1999年被王先生收入門下成為入室弟子的，此前十多年一直想跟王先生讀書，但我知道王先生的學問我只有仰止、領會的資格，而不敢奢望成為他的博士生。那一年我正在日本留學，突然有一天房東送給我一封信，打開一看是王先生用八行書宣紙寫給我的幾行文字，大致意思是說，「內子（老伴）涂蔭松女士已經在前一年去世，自己的目力也已大不如前，你要讀博士就早點回來吧。」我反復讀著王先生親筆寫給我的信，默念著信上的每一個字，一邊思念師母，一邊想立刻飛回國內，回到王先生的身邊，趕快複習，爭取參加5月份的博士研究生考試。最後終於如願，開始接受王先生耳提面命的教誨。

當時已經87歲的王先生親自領著我們讀書，親自教授我的清史史料學的課程，又專門為我和師妹張晶晶兩個人請來滿文教師教授我們滿文。王先生自己出資從臺灣買來學術圖書，送給我們，又將成套的《清史列傳》送給我。有一次問我家裡有沒有《清史稿》，我回答說前些年已經和二十四史一起都買齊了，他很高興，並說，如果沒有，我送你一套，令我十分感動。

追隨王鍾翰先生讀書，使我對先生有了更多的瞭解。有人曾經問我王先生的學問有多大？我曾經回答道，不說王先生在清史、滿族史、中國民族史方面的巨大成就，就說他的語言功力，就足以令人膺服。早在長沙雅禮中學讀書時，王先生的英文水準已是出類拔萃，一舉考中了英文要求極高的燕京大學，後又遊學美國哈佛大學，英語水準勘比母語。其實，很多人可能不知道，早在燕京大學畢業留校任教期間，王先生已經熟練掌握了日文，1937年，日本著名學者鳥居龍藏到燕京大學就職，燕京大學歷史系指定王鍾翰為鳥居龍藏的助手，足見先生的日語水準之高。由於當年抗日戰爭全面爆發，王先生拒絕了為鳥居當助手之事。除了英文、日文之外，王先生在留學美國哈佛大學期間，他一方面寫作博士論文，另一方面花費了很大力氣攻習拉丁語和滿文，他的很多開創性的清史研究成果，都是運用了滿文檔案或碑刻資料寫成的，他對滿文掌握之熟練，研究之深入，在國內外清史學界、滿學界有口皆碑。為了表彰王先生滿學研究的貢獻，日本滿學會專門派出著名教授中見立夫等到北京為王先生頒獎。更為後人少有所知的是，王先生還在20世紀50年代刻苦自學俄文，並為學校教職工講授俄文課。他在《甲丁日記》1955年2月7日的日記中寫道：「一月、二月兩月，（領）俄文講課金十二萬二千元（相當於12.5元）」，他在1956年2月23日的《日記》中寫道：「二十三日，（星期）四，習俄文半小時，尚不生疏，宜再加一把油也。習女真字、滿文，備課。下午打滿文卡片。」《日記》還寫道：「二十八日（星期）二，上午習俄、滿、女真文」「三月一日（星期）四，早起習俄、滿、女真文。」在這裡，我們又發現王鍾翰先生不僅學習、教授俄語，還在攻讀極少數學者才能識讀的女真古文字。

王鍾翰先生不是語言學家，但是，他為了歷史學的深入研究，卻擁有著深厚的語言功力！當我知道他懂得那麼多種語言時曾經問他：「我們應當首先學好哪一種語言？」王先生不假思索地回答：「當然是先要學好漢語！」稍候又對我說，「你問的問題我在年輕的時候同樣問過陳寅恪先生，他就是這麼回答我的」。的確，王先生對古今漢文的掌握可謂駕輕就熟，運用自如，他的每一篇文章不僅皆有創見，而且篇篇如行雲流水，在史學論文中十分罕見。

清代的湖南，學者輩出，清初的王夫之與清末的王闓運、王先謙均為經史大師，被當時的學人尊稱之為「湘南三王之學」。如今的王鍾翰先生不僅熟讀經史，精通多種語言，而且掌握現代理論，瞭解民族關係，研究成就遠超前人，視野之廣，學問之大，雖「三王」也難以與之比肩，以王鍾翰先生的學識完全可與「三王」併列，同被尊為「湘南四王之學」！

與王鍾翰先生的學問同樣偉大的，還有他那高尚的品質和人格！凡與王先生接觸過的每一個人都會親身感覺到，先生為人謙和，虛懷若谷，胸懷坦蕩，關懷他人。在這本《甲丁日記》中，我們會讀到他孝敬母親、和睦兄弟、愛撫子女的親情，也會讀到他每日讀書寫作，對學術孜孜以求的熱情，更能讀到他愛國愛黨，追求進步的衷情。他在1956年2月6日的《日記》中寫道：「上午八點半到（研究）部，繼（周）六下午之會。……（余）最後表示：一、克服個人打算；二、努力爭取入黨；三、無條件服從組織分配的工作。……」王鍾翰先生從1956年首次表示爭取加入中國共產黨，直到1985年9月20日73歲時才被黨組織吸收，其間經過了30個年頭。

王鍾翰先生一生執教，培養了無數的學子，為了讓更多的學生專心讀書，他經常買書贈給學生或年輕教師。2004年，我在學校圖書館擔任館長，王先生將他收藏的1600餘冊線裝圖書及部分手稿無償贈送給了中央民族大學圖書館。正是在這批贈書中，我發現了王先生1954年10月1日至1957年12月31日用毛筆手寫的三大冊《日記》手稿。1954年是農曆甲午年，1957年是丁酉年，取兩年天干二字，王先生訂此日記名為《甲丁日記》。當時，印製了百餘冊送給他的親朋好友及學生，也送給了國內部分圖書館收藏。

為了弘揚學術大師的精神，也為後人樹立為學為人的榜樣，中央民族大學決定立項出資，正式出版《王鍾翰手寫甲丁日記》。如果王先生在天有靈，一定會為此感到欣慰。但願王鍾翰先生的精神發揚光大，千古永存！

此次出版时采取直接影印方式出版，以便读者一览王先生手写日记原貌。感謝為本書出版付出努力的中央民族大學《民大記憶口述史》項目組的各位老師以及学苑出版社的編輯。

受業弟子李德龍撰於中央民族大學社區

2017年12月1日

王鍾翰手寫甲丁日記

受業
李德龍
敬題

王鍾翰手寫《甲丁日記》自序

近世日記之作，極盛一時。如曾國藩之《曾文正公日記》與翁同龢之《翁文恭公日記》均以手跡原書珂羅版影印問世，毋論矣。而李慈銘之《越縵堂日記》與王闓運之《湘綺樓日記》亦均為上海商務印書館刊行。李慈銘《日記》多錄平日讀書心得，長篇累牘，一發議論，不可遏止。堪為後輩學子寫作之津梁。此日記之作，所以為人者。王闓運《日記》喜記家常瑣事，友朋來往，多所月旦。臧否人物，一人而數易名姓，每令人讀之莫得其解，聊備一己日後復檢之用。此日記之作，所以為己者。

先師鄧文如（之誠）教授，又合《湘綺樓日記》與《越縵堂日記》兩書兼而有之者也。嘗聞先師有云：「世每以包（世臣）、魏（源）、龔（自珍）並稱。世臣留心事務，嘗從田夫野老究問利病得失，治河為一生精力所萃。刑名實足名家。餘多坐言，可以起行，魏、龔非其足也。三人學術，各有門庭，亦以世臣較為質直，蓋由多見通人，無驚世駭俗之見。至若兒心和厚，龔不如魏，魏不如包，文亦如此（後載文如師所撰《桑園讀書記·安吳四種》條。北平三聯書店，一九五五年十一月第一版）實不啻夫子自道。

予生也晚，十齡始就塾。所幸就傅後屢遇良師，繼而考入長沙雅禮中學（六年），再昇入北平燕京大學（加研究院兩年，亦六年），後放洋赴美國哈佛大學研究院深造兩年，於一九四八年秋返燕大歷史系，任副教授。先後講授《清史》、《明史》兩課。任編纂處副主任職務，歷有二十二三載。其中於一九五四年至一九五七年中，撰有《甲丁日記》全三冊。

頃者，李德龍同志（中央民族大學圖書館長）從予早年捐贈圖書中撿出《甲丁日記》歸還於我，並告將聯絡影印出版事宜。予固敝帚自珍，尤不忍以雞肋而棄之也。爰為校勘一過，稍加箋注而已。李同志素喜書法，因請為我代寫《自序》與題簽。

二〇〇四年十月中旬 於北京中央民族大學家屬院私寓 王鍾翰謹識

時年九十有一

一九五四年十月一日晴

是日國慶節我解放後之第五周年第一个五年計画之第二周年也早五点即起床六点半出發全校師生員工千餘人乘汽車十四輛八点抵東城取燈胡同西頭休息十一点半起身一点許過天安門受檢閱望見毛主席立天安门上正与赫魯曉夫布爾加寧談笑俄而与我游行隊伍招手而群衆熱烈呼毛主席萬歲之聲有如鼎沸山嘯至府右街南口遇方叔容見立談久之三点到西城太平橋按院胡同十六号細姑快姐宴請自方家移来也食牛肉煮蘿蔔兩碗餅一枚為之大飽四点陰松始来又坐談良久五点半始辭出同搭七路汽車至六部口然後与松步行再過

天安门直至東单搭十路汽車到外交部街東口再步行五分鐘抵羊尾巴胡同三号陳宅東立蔭柏皆在家小孩們亦都来十分熱鬧七点許晚飯〻後又与立柏率千湘燕應至天安门觀燈只到御河橋附近但見天空各様花炮天安门樓燈一角而人山人海異常喧嘩為之擁擠不堪登電車道間小竹台少坐微雨倏至即繞道南河沿王府井呼三輪而歸陳宅宿

二日陰微雨

是日頗寒上午未出门但与兒女輩嬉戲而已下午五点与柏携應楚逛北大堂車抵新街口聞蘇聯展覽館開幕西直门外不通只好半途折歸陳宅宿

20×25=500

三日晴
早飯後余一人先返民族学院因須往参观蘇聯展覽館也九点半抵校休息片刻看天聪偶聞半卷十点集合十一点出發凡百九十三人除年老體弱以外皆步行十二点入館余与傅樂煥見周行一遍最欣賞者為油画雕刻此外重輕工業表演余則門外漢不甚了了二点返校小睡片時看偶聞又半卷三点半騎自行車回北大中官園一六七号住宅陰松尚未返因往謁文如師蔣家胡同二号与朱宝昌见圍棋二局歸則松携应雲出迎是夕三人飲牛乳二磅又和掛麵以食其味鮮美無比
四日星期一晴

二

早起飯畢与松同送应雲入託兒所 松去北大校醫處上班 余則騎車返民族学院研究部矣 上午八至十時看斯大林馬克思主義与民族殖民地問題 張仲實譯 約二十頁 十至十二時看天咫偶聞八卷全畢 下午起看曾文正公手書日記二本 晚七点半至九点半教俄文速成班形容詞一課 本只四人 今又添四人 余本不欲教 而工会一時找不出人来 借此自温 不無小補之功能 因此欲藉学生好評 非敢望也

五日 星期二 晴陰小風

上午看蔡詠春兄譯列寧与斯大林所繫望的蘇聯多民族國家的基本原則 未畢 譚石亭兄来持去与宋主任 丁有十二点多回

20×25＝500

告宗云与学習譯叢第九期重複此後宜与翁之任商定此刊琴譯本在六七月间後因趕譯民委所出西藏与西藏人而中断直至九月二十七日交来譯从于十月二日出版實于书外行之事殊從而可見所挑選之題之重要矣下午看曾文正日記二本半晚又看二本半共五本之多

六日星期三晴小風

上午預備中國通史講稿二小時十至十二点講五代十國及隋唐五代之文化兩講下午小睡看曾日記二本晚耿杰来談云工会第一部門委員会仍須推[illegible]以李有義兄為當備而蔣家華未返及定事二人予又看日記二本而睡

七日星期四陰

是日看曾日記四本晚间穆广文来談有意教通史隋唐以後尤願教明清一段余允為推薦家華又来談不外乎女朋友之事穆借我孟森清史講義臥看十四頁

八日星期五晴

是日又看日記三本頗有神疲眼花之感本点許適有京劇票四張余因入城一觀買大燒四枚席间分盧含蘇兄二枚而張德元兄分我半乳糖二枚点是充飢是夕三劇為鬧天宮春湘鬧学除三害老生王鳴仲去孫悟空尚好而袁世海之周處李和曾之時吉皆後起之秀獲得掌声不少至于鬧学亦足觀矣

九日星期六晴

上午看日記二本又看賈敬顏兄所編寫之滿族史料簡編上古部分肅慎挹婁及勿吉靺鞨較去春所編者已有天淵之別然幅員過多說明語亦不免重複之處下午二点聽蘇聯專家戚雅講俄羅斯與烏克蘭兩族在歷史上的友誼歷一時半戚雅開頭講五分鐘結尾時講十分鐘左右中間由翻譯員照讀譯稿此法極佳節省時間在一小時以上又戚雅自云曾放過羊做過裁縫由于共產黨之栽培現獲碩士學位擔任科學工作多年云云洵屬難能可貴之至五点返家至幼兒園接湘雲小燕以歸蔭柏已來小孩們拿糖吃頗多

十日星期日晴

上午八点往訪貴增祥未遇因訪聶筱珊見鄧宅西屋坐談一小時均以讀書非下苦工夫不可譬如讀一書即应從頭到尾讀之自念此季自九月起已念完聖武記佳夢軒叢書与天咫偶聞今又看曾文正日記十八冊覺無許多心得能讀書之樂不敢以人又念自一九三八至四三凡五六年間實未嘗讀書虛擲光陰悔之何及畢彼五六年間有如今日無學問必有可觀必不似今日之學無寸進范之能莫知所歸九点許謁文如師看宝昌与鄧阿園棋一局十点多再訪貴君託買西園聞見錄十六萬稗任集補九萬兩書十一点訪許大齡兄未晤下午一点騎車入城至設门辛寺胡同四

是民主促進會北京分會（在此）總會點開大學混合小組會由嚴景耀
雷潔瓊夫婦（皆全國代表之一）（一浙江一廣東）報告第一次全國代表大會情況
增長見識不少六点一刻返晚飯時洪謙兄來蓋答余上次（九月初）
之往訪也八点去是夕蔭柏與秉之同歸去

十一日一晴

早飯後返研究部看民族理論數頁十点左右樂煥兄來略談看
曾日記一本下午二点至四点許補寫日記四点半習俄文晚間
有課也又看曾日記一本共看二十本適一半耳　是日告陳述
兄應往北大歷史系購引得許書事因陳兄代理本校圖書館主
任故也　是日上午開通書店郭紀森送涵芬日記一函（十四冊）與書櫃

子

一个来書價六萬上月已付請書櫃則前年所借堀師七个今合
之共八个略可够用可惜此櫃用白漆：過顏色殊不一律而已
十二日 ：晴小風
七点起床溫俄文生字四十个七点半吃早点八至十時看斯大
林全集卷第九 時事問題简評中關于中國一段凡三十頁根据列
寧主義的三个策略原則分晰一九二七年中國局勢至为透澈
十至十二時看馮家昇伯平兄所著由刻本回鶻文「佛說天地八
陽神咒經」說到回鶻人對于大藏經的貢獻一文約八千字又胡
先晋所著 Этнография 不应譯作「人種誌」的意見一文約二千字
又看曾文正日記二本下午小睡看賈敬顏兄之瀚海草共八十

20×25=500

下午四点去乐煥兄室一談敬顔兄六点来讀五点二十分鼎明道
佈依族阿男蒙族二人来呼打羽毛球晚飯後家驊耿术一来談七
点半工会開会討論工作總結問題九点二十分散看今日報中
蘇会談公報　是日看日記共五本又昨夜一本共六本之多

十三日　三　晴

早起讀俄文四十个已數月于此非遇特殊事故未嘗間斷上午
預備講稿伯平兄来坐談片時十至十二時講遼宋之对立下午
小睡二時敬顔兄来談半小時三点同去聽楊辛教務長傳達四
中全會对高崗饒漱石反黨反人民罪行之決議直至六点始完
是日發薪金領一百零七萬餘因而返家飯後又訪大鑑一談

六

十四日 四 晴 中午颇暖

八点十分回部读斯大林民族问题与列宁主义二十二页 似有所会 九点詠春兄送譯稿卡查赫即哈薩克来 十至十二点开会讨论实君之满族史料上古部分余说話尚为得体实亦能得住進去楚明善顯張人所難[redacted]自来大言不慚今复如是乐煥兄則調停其間頗覺棘手但无大争吵之處以視去年此日大有進步矣唯傅兄一問[redacted]所編为何[redacted]則左顧而言它視若罔聞為不了解耳午飯後小睡二点于式玉来講西藏近況不得不去一講四点参加本校治安保衛委員会改選選出十三人晚飯七点又赴陳文彬台湾人講台湾人革命歷史一小時是日看日記至三十二冊

20×25=500

啓云黑芝麻胡同一帶即洪承疇之故居也但骨董續記卷云洪文襄承疇第在南鑼鼓巷路西或黑芝麻胡同係洪祠所在地非其第也待考

十五日 五 晴中午極暖

上午学習与工作如恒伯平見送楊丙辰所譯紐吾爾族之醫療術来共五十一葉實在字數一萬二千每千字以五萬元致酬合計六十萬元外加抄寫費五萬而楊提出二点要求每千字以六萬計与顧文稿費余允為代達翁宗丙主任也下午二点与吳豐培玉年見入城至西門黑芝麻胡同十四号訪啟功元伯詢滿文官名金前章京伊立齋章京哈阿章京曲路轉達峯路達莫知極敖爾步花什布棹哈也坐談至五点半啟為滿族宗室現在師大任教中國文学宋遼金元明清一段尤擅繪画頗究心清故四十餘歲与余累同談鋒甚健見即云曾拜讀雍正奪嫡考實極為

七

佩服之至。此為余五年以前之作，業已如敝屣矣，聞之赧然。渠又垂詢憲庭之工作情況如何，至再至三，余只好云憲日文好，人極聰明，意見頗多，最近亦極力趕作史稿，如是而已。余所詢諸點，智先為代查或一問彼之七十餘歲之外祖父也。與玉年辭出，又至東安市場買尚鉞之《中國歷史綱要》（二萬二千元）及《文史哲》（山大學報之一，十月號，三千元），吃牛肉湯麵一碗（三千元）。七點訪翁獨健，見南池子（二十五號）寓，暢至十時。翁亦以部中教授余之薪資四百五十分為最低，以過調整時頗為余說話云。余言五一年之升教授未加薪，余既有名矣，應不復言薪，今即不加薪，余亦心滿意足矣，復何言。十點許迺乘。立當傳蔭、細毛娘與其夫笠際春自天津來，又談時許始就寢。

十六日　六　陰微風

七点起床 傅笠去展覽館参觀 早十点於東立上班 余留家閱張維華西山完年滿族在未統治中國以前的社會形態一文 載文史哲中 至九点畢 尚能言之成理 可惜証据尚欠充分 材料因而論証不免武斷之處 私念余所編明至清初一段 引証史料不可謂不富 偶下斷語亦不可謂不謹嚴 公之于世或不致見譏大雅与 九点往新開路五十三号取來瀋陽狀啟一冊 煤鏟兩把 十点到北京圖書館訪李德啟君 即詢昨日向啟元伯之問題也 允為代查一同 没什多坐 談半小時而出 搭二路車出阜成门抵西郊公園 換郊外車抵校已十二点半矣 中午小睡 二点起 補寫昨日日記

看曾日記一冊。寫六兄家信，附呈母親十五萬元，与維他命百顆，告日食一顆，但仍應每日食肉四兩、雞蛋一枚為佳。又寫蔭森一信，答詢我等必需準備之事也。五時許回家，蔭柏已來。晚飯後卧看西園聞見錄第一卷二十餘葉，始入夢鄉。聞見錄定價百廿萬，碑傳集補定價五十餘萬，今均折而又折，二書才廿五萬，可謂賤矣。松兒于月用之中節省購之，亦可謂愛書者矣。而此余于此有戚之心一至于此。

十七日 日 晴

晏起。飯後將与松出門，而詠春兒補送譯稿來，坐談久之。秉立下午蔡兒始去，遂与立携應雲往北大郵局發昨日兩信，所寄維他

命之包裹一件只能寄到冷水滩由家往取須走五十里也十一
点同至鄧師家一坐汪公曾在坐辭出師約晚飯又疑鄧師或師
母之壽辰也余亦謂我抵家即午餐有雞有肉頗豐富本約細毛姨等一
叙而不果來故與兒女輩飽食一頓餐後小睡三点起清理花棚
午睡時汪公曾與凌大璲來訪未見松不喜凌大璲之為人也四
点多潘仲翰運之之長子師之外孫也來催並云今日乃伊外祖母之六十七
壽辰也晚整衣冠而出並携蘋果醬一瓶以作壽礼因師母愛吃
甜的之故到時汪凌等正在裏间飲宴〻後坐談七点又設一席
且飲且談八点散席又坐談一少時我後興辭返家小孩們已睡
又與松柏坐談十点許電滅倉卒就寢

九

十八日 一 陰小風

八点許赴校学習工作收當還胡先晉一萬七千五百元內蒙照相張五費也十点許伯平兄来坐談對部中出版集刊事深致不滿亦有部分理由而彼等之文已另外分人發表矣今則合混合之而已下午看完曾文正日記共四十冊可注意之處皆夾有紙条唯有記汪梅村之處可補文收師汪悔翁乙丙日記序者數事点特為注出余于四八年看过翁文恭公日記自去夏迄今又看完湘綺樓日記及越縵堂日記合此而四在清季為最著洵足廣見識增修養不可多覯之書因看日記而耽擱應办之事不少月內宜少停以補之五点許与阿男打网球晚教俄文二小时倦甚

20×25=500

是日得金奎文恒兄一掛号信嘱作伊母吴徽娟之保証人即伊父金颐寿之商务印书馆股份一百四十万股股票由伊母继承执管办理过户手续计人民币一千另一保証人为陈正仁[illegible]义
四百万元
不容辞当于明日复之也

十九日　晴　微风

上午学习工作，继恒自昨日起修改所编满族史中之明至清初一段就材料而言不为太陋但文字软弱似是提不起笔来又每章之首尤应添加一段总论说明此章之问题何在有何新创俾能引人入胜固不可少之笔墨也　十一点半谭春元来取译费因谭石亭副主任办公室不在允为代领于返家时送去　下午十省学生通史筆記七本。晚又看四本，參尚鉞綱要之宋遼十餘頁。蔣家驊來談清初東北滿族人口，無數字根據，誇誇其談，空談也。

二十日　三　晴

上午九點印度總理尼赫魯到校參觀，昨日抵京，今日來此。予謂重視民族問題無異。余因上課，遠遠能見，白其冠，黃其衣，顏魁梧，而外族學生環聚，迎以掌聲，報之以招手，周覽全校而去。下午看稿，未及改一字，文思遲鈍之故也。四時小組長學習會，至五點散。晚七點訪賈兄談，八點又同至傅兄家長談，對研究部之前途均致懷疑。余謂歷史系之成立刻不容緩，否則併歸科學院為適當。傅以余說不為無見，只時間問題耳。十點返寢。

20×25=500

是日楊丙辰稿費六十萬元余因[redacted]上課故託魏治臻兄代為辦理一切手續最為省事以後宜照此辦可也蔡予十八萬五千元亦由渠領出

二十一日 四 晴

上午看稿仍未及改一字下午看稿及一半為改十葉頗有文從字順之感而已對努爾哈齊興起之際的社会性質問題仍不敢肯定下來因而前後只臚列歷史事實或不去抵觸之處意在應胸中存一定見可以不明白說出但依必須以推證此後當片斷抄書亦能連貫一下氣也容緩圖之晚七點半往圖大招待室聽費孝通副院長講參加人民代表大会之觀感歷二小時許惟口音不甚清晰而長篇大論自能暢所欲言云

十一

二十二日 雨晴

早起看完乙丙日記十五六年前曾看一過再看仍有所会九点許訪永齡談及燕京派事自是部中人無事生非之見然日事係播終非佳徵細究之所謂燕京派無乃狹義之燕大民族系人也此實兄之說也或足代表多數部人之見解以林公為首沈陳副之不特余不在其內即吳恒亦非其數楊公力倡其說憲文和之書此以自警戒十点許伯平兄来談及王[redacted]之為人非真有学問者也而頗有小名人亦聽明不肯深入奮人之手慧以為己有甚且竊人之創獲以為己功無恥之尤者故有平上去入四字之評語自魏建功發之而羅常培常引用之所謂平者同行初見平等視之上者繼則駕而上之去者久則擲而去之入者終則取

20×25=500

而代之登堂入室矣此謂王[redacted]非音韻學家亦非語言學家只知吹拍撲營以排擠同行為能事故以此四字形容之可謂維妙維肖者也參加吾黨思改以來不過二年而王[redacted]故態復萌仍欲欺我部人明明不通德文今乃胡先晉女士代為譯之一而至再而三氣之間彼者工夫不屑為之其實一達呼爾之詩已譯成十分流利之德文詩如以德譯漢而欲求達呼爾語之文法能深通亦語能乎何況故作聰明不虛心求人其能免于人之[redacted]鄙視冷笑又渴乎書此點呈以自儆下午二點去民委聽汪峰主任傳達周總理之報告與昨夕費講略同者怪老舍之提出抗議也歸則六點半飯畢詣吳文藻先生賀新居之喜也冰心女士忙于裝飾家庭

十二

一切陳設不脫資產階級意味，已嘖嘖有穿言，而伊等必以社会主義名詞自為粉飾，掩其享受本質耳。是日改稿五葉。

二十三日 六 晴

昨夜失眠，以新聞路之宅租于馮大夫［異 跟］，迄今不克整理書物，為失策。由于信郭森紀太過遷就，［于立 不姐］太甚，總是面子放不下來，展轉以思，一籌莫展。情牽于誼，徒自擾耳。持物自我，又未能也。上午精神不佳，只改稿五葉。先晉告阿勇所寫之蒙文信，［持示］蒙族人讀之，不知所云。［記得］上次吳豐培兄亦請［其］一閱蒙文信，［而］信口胡說一頓，本達喀爾人冒充蒙族，久而不改，復借以欺漢人，為人如此，可嘆也。

下午二点半聽師哲（烏恩列斯年休 編譯局局長）講日內瓦会議（此次我國日內瓦代表團團員）

中的若干重要問題歷二小时許直至六点始散余甚忍至六点而

情緒極壞因有重複話說來說去不顧聽衆有事无事乏味之至

（總結自己）頭治修養太低應深自省戒六点半返家柏已回家飯後小孩就

寢余沐浴一次因收音機修好又找得一変压器柏為略裝一遍

聽來聲音甚小但極清晰卧看西園聞見錄十餘葉

二十四日　日　晴

晨起九点攜湘應两兒步行訪鄒春兒（冰窖廿号）坐談一小时歸則登

樓取煙筒松六上樓稍為檢查一遍舊存之変压器迄未覓得

午飯後搭車進城至民進開会到只七人談时事二小时而散因

在鼓樓附近買卡機制服（深藍色）一套十一萬元後至鼓樓北鐘樓

十三

南一带一游两旁小食店林立说评书者两家而已 六点赴文垣
见鼓楼西甘水（胡同七号）之约畅谈旧雨甚快也旁立小饭文垣夫妇之两
伯母皆健在婆媳亦都和睦而女二儿负担亦复不轻授文
垣入党快了亦大好消息也九点先搭五路车至地安门换三路
至东单牌楼再换十路车至东立家抵则东立堂妹自青岛来游
首都亦出相见十点许睡

二十五日 一 晴

天未明平儿醒牵余手呼叔叔 以余为东立也及见余而立不在
伏枕而泣平儿之渐之不能止天性也早点后携平儿至东安市
场前搭二路车至北京图书馆见承亦多点损之归先送平儿

20×25=500

返北大再送其上学 幼儿园 然後骑車返部已十点半矣十一点部
中召開福利会我室被提出二名魏治臻与張景蘭也各三十萬
元作冬衣之津貼 下午二点许将前存先晋室中之書箱十二个
搬至書庫存之 因先晋室又须添一人也 三点许伯平来坐谈
名利之心頗重此翁公然天人即小珊稿費多亦羡煞不置 余自念
名心未竟剧除殆尽而布衣麤食作自了漢從未生貪利之心也
或有窮則通文因利生不起利心文亦不工与 晚教俄文六时
楊午代理教務長来檢查可佩也
二十六日 二 陰小雨晴
上午八至十点我室 图書資料 編譯室 業務学習討论会由我主持多人 十の

發言尚踴躍。十至十二点改稿，滌堂子語神之名未及刪去，補之。談也。前後共改二十葉，交石亭兄發抄。下午二点乘校車往北大禮堂聽安米潘克拉托娃院士（蘇聯「歷史問題」總編輯，歷史學博士）講一九〇五年俄國革命的國際意義，到千人左右（由中國科學院與北大聯合舉办），我部去年十人。主席台上有陸定一、范文瀾諸人，由馬寅初（北大校長）主席。潘則先用俄語講十分鐘，尾亦如之，主文由翻譯讀之，法至善也。唯范老之頭部不左斜即右斜，足則交膝而搖，不則與隣坐交頭耳語，再不就又打哈欠不已，為史學界領袖而露得意之狀如此，何況當友邦貴女賓在坐乎。五点半返校，六点飯，飯畢小坐吸煙，二半寫書脚四部，家華兄来对寫，探家亦一乐也。

20×25=500

二十七日 三 晴 風頗大

上午八至十点背課 十至十二点講宋金對立 下午改稿四葉 夜又改十四葉 共十八葉 三点許盧念蘇兄来談一时許 及燕京舊事及余游学哈佛事 不勝感慨系之 一九四八夏之能返國 又不能不感謝葉理綏之一踢也 及本校应成立歷史系事 盧兄之見与余同 尤以翁之宜来主持一切 更是所見略同

盧之愛人張茵陈女士亦在俄文班授 云甚說我的俄文教得很好 聞之愧甚 徒有虛名而無實際也

四点許伯平来 盧兄始去 向伯平对歷史系之意見 大致点同 五点許去

是日看寧来索本年度之翻譯預算 暫定俄文一千二百萬 藏文一千二百萬 德文一千二百萬 其它一千二百萬 合四千八百萬元 與之

二十八日　四　晴

昨夜看孟森清史講義頁十五有云「清事迄至今日始大發明而以余〔孟森自稱〕為發明最多可云前無古人者也」大言不慙如彼至頁二〇三述图海發八旗家奴討布爾尼事頁六九四又云考图海係此文旧史館所無出李元度先正事略李想自有本今未能詳矣云云不知嘯亭雜錄（中華館本）2/149-150图文襄公用兵条所載此事孟亦未能檢出其疏陋淺妄如此動輒以發明過前人自許不学之人何足言学孟之墓木已拱而仍當盛名可怪也　改稿十餘葉十至十二点聽結雅斯　蘇聯文化代表團團長　烏克蘭對外文化委員會主席　講烏克蘭在蘇聯各民族大家庭中的繁榮与烏克蘭与中國的文化交流

20×25＝500

両題由翻譯之才歷一时半而散人皆满意下午又改稿二十

餘葉合四十一葉　晚蒋家驊穆广文两兄来談一时许不無争

吵之處全用假羅以觀点是乐也穆云吴雨僧先生在清華时毛

嫁熊後曾作一詩首两句云奉劝世人莫戀愛戀愛無益有百害

傳遍一时余頃闻之宓昌吴在渝六十之年与一女学生结婚又

生子女而女家人口皆寄住吴處因女地主家也土改後無家可

投故依附之而吴後另有所戀一寡婦子女多人夫係反動軍官

現在台湾吴亦此多情而仍云痛苦極矣不知此二句詩彼已忘

之否　自今日起写满文單字卡片凡書中所見皆录出並用打

字以罗马字拼音便于尋檢也詳录出處于其下

十六

二十九日五 竟日大風頗冷

上午八至十点看賈兄稿四五十葉十至十二点改稿二十餘葉下午又改稿三十餘葉合五十六葉添改全國的形成与發展一小序約五百餘字文從字順尚有筆力又不知斷定改全國二十年為由前封建主義到封建主義的過渡階段的當否就材料論或不致大錯也 看吳振臣甯古塔記畢十餘葉 樂煥兄送所作達呼尔族傳說中的英雄薩吉爾迪汗和清初逃往俄境的達呼爾首領根特木耳約一萬五六千字及未細看初視之即覺薩吉爾迪汗与根特木耳之為一人及細讀一过彼之結論与余見正合仔細思之可討論者一事即薩吉爾迪汗与根特木耳兩

名殊不相近而根為康熙初人時代太近似不可能為達族之創始人被看作民族傳說中之人物如此崇拜只憑兩人之傳說事蹟揉為一談有硬拉在一起之嫌疑又對種種傳說之時代未加分析如花靈阿單即是此其一材料應增補出一事即康熙五六年根之進俄時寧古塔記略所載邏車國人造反又名老羌到烏龍江黑斤詐變搶貂皮即可補入此其二可指出一事即俄文材料所言根為通古斯人而朱模兒仍以為蒙古人自以俄文為可靠宜多找俄文材料朱模所引皆英人所載此其三弄錯出一事根據去三佐領俄文所云民族共三百餘人是佐領包括民族全體人數在內無疑而朱模兒小結中所云壯丁三百餘人恐宜為之改正此其

十七

四總之所論足備一說非定論也然东𡢃兄文筆流利而老練組織亦十分謹嚴自是一篇好文章登之部中集刊增色不少文中引余去年所查出之康熙六年六月打虎兒人（見清聖祖實錄卷廿二）不提我名体例然也不足為怪

三十日 六 晴

早念完聯共黨史中之俄文生字一遍共四千餘字自下週起應接讀黨史原文而溫習生字之功亦不可缺 寫出意見四点交东𡢃兄晤談一刻鐘以我之意見很好第一第二兩條彼亦同意似不能于本文討論第三第四兩條表示接受而補入之 返看寧古塔記畢寫出滿文單字及有關資料都百餘張卡片卡片

皆松于一九五九年自多倫托城寄我者今日用之分外親切果

四五年内能讀數十百部書均作出卡片来成一滿漢辭典不難

也　下午赴民委甘春雷主任办公廳佟達報告因已能过汪峰主任

可不去耽未往　省長白西清黑龍江外記兩卷点寫卡片數張

又武田壽山滿漢礼俗卡片數張　五点返北大与小孩們玩

六点許許大鏇兒送北大明清講義二册来甚表好感致足感也

夜讀滿漢合璧十二字頭兩章習滿文自今日始

十八

20×25=500

卅一日〇日 晴和

晏起早飯後習滿文一刻鐘楚雲亦欲仿之屢奪余手中書不克專心于學于是攜平、湘、燕、恩、楚之同往鄧宅講文以師今日只應雲呼鄧公公餘則未也問英人云稱滿清皇帝為「聖功」Sheng Kung有此稱呼師向未之聞也或者聖德神功之簡稱與談話間孩子們頗鬧時而跑進師之臥室內制之不能止師不特不加怒反而止余能之可也後因孝英（葉姓家女工）劉攜之出在前院後院亂跳亂跑甚為高興余但視之而已與師長談二小時寶昌兄亦在坐師告正擬著手編纂清會典曾約鼎卜珊兄鼎後推余師又欲約譚季龍姚家積諸人分纂所得稿費均分也余以稿費之事小而撰書

十九

之体大弟子能盡一分力去不来從談及讀書人之于名利思想
頗難拔淨師亦為之嘆息者久之大氐聖賢能去名利之見古今
豪傑之士固不能免而况中下等人乎余告近數年来頗知讀書
之趣而尤以書宜細讀宜從頭至尾讀之之既久不患不成不細
讀不從頭至尾讀而即求名求利非真能讀書者也非師平日所
以教人讀書之道也自愧粗淺學去長進但于師教人為學之旨
不敢背也師為之怫然色動然又歎曰今日果知余為學之道為
是貴余之麻煩来且多矣以今年論今年之麻煩視去年多數倍
矣師所苟全性命于亂世不求聞達于諸侯者也　寶昌之事已
不成 文学出版社编辑不成功 但文学出版社請師標点古書師以寶昌自代

20×25=500

或有望耶　十一点半寧孫子們歸，則立柏已來　飯後小睡

而湘應久不睡，余想之，湘則擁被假寐，不言語，應則啼哭，久之

勸之睡，又不我能，命之起，始止淚為歡　下午柏償余五萬元（前託

翻印之費）回蘇不獲其實，去此應償之理，余託立柏買烟，買其它零星

之物，何止數十百萬之多，此則憐我近月貧耳　晚飯後立志

柏留臥讀滿文，而葉皆能背誦如流，不似昔年從高仲年（今已作古）之

勉強矣，學用一致之故歟，果真三四年來學上有寸進之處，與昔

之根々点所致

十一月一日　一　晴

早起八点十分返部補寫昨日日記　樂煥兄來示所改詩，點余

二十

前所提意見增入一条文康熙七十年邏車國造反相若一年致疑
以示細心且實不足疑也邏反在黑龍江吴振臣在寧古塔必先
邏事而後有在寧徵兵之事此理之必然適足證記畧之可信疑
之非也　看黑龍江外記下午又看外記共二卷　の点許永〇
本齡字彼自書用　來談資料室事告鄭啟璞頗受氣張景蘭亦被
〇亦沿襲之也
迫去办該伊母病告假而葉美棣仍張其任女詰葉大有獨立王
國思想又及尹文成事為冬衣津貼而哭訴于陈　余自任本室
主任以來事事不敢自專恐有不負責之譏矣實去心于行政辭
之不獲奈何　晚七至九時考俄文即為改卷張茵陈百分第一
當選春九十五分第三餘均在七十分以上可喜也

二日 二 晴 頗冷

上午讀民族問題譯叢中一文 看黑龍江外記二卷 下午看尚鉞綱要廿餘頁 晚上开会小组会讨论工務员顧瑞祥亂搞男女關係及倒賣公物被開除案分問題一致認為應送法院依法定罪 又討論第十一部门每星期工作總結初稿提出意見不少

三日 三 晴和

上午背課上課講宋金和戰並对岳飛作出評價 从学生之請也

下午看完黑龍江外記共八卷 寫出卡片過百張 其中滿語有多仍有許多漢音滿語未能[redacted]复原 十二字頭不熟之故也 外記著者西清 滿族人 深通滿語 注釋之處皆不誤 而小字注中以圓窪

沙喇哈番尼指爾吉章京之哈番尼当什尼哈番誤也尼
為接尾語的之之意應在哈番之後此小注或出何廠船之手是
何不通滿語也 の点与宪度之實敬顧討論几抄札薩拉春所
芋錫伯歷史譯稿一、以本族人寫本族史為可貴二、清以前錯誤
甚多不可用三、清以後不無可取之点可略為近代史補添材料
究實內容不夠可略成一專題發表三人意見一致五点散会
晚有電影余因看武進魏聲龢劬卿吉林地志未往地志一卷对
縣名沿革形勢均有考证大致都有所本余以地圖对看一目瞭
然平日不喜翻地圖之病必須去掉十時至十一時半看完什出
卡片二〇十張 是日買白沙手套一件二千九百元 歷史研究第五

册元子千花点一萬柏年萬尚存四萬也
四日 四 晴和
早習十二字頭起 愛字殆能成誦 上午省報上討論俞平伯紅樓夢
的觀點方法与立場之文章四篇与余平日所見略同以紅樓
夢作曹雪芹自傳讀者非也 寫出昨日討論錫伯歷史之意見
約四百字憲貴均同意去一字文動即寄永○自六月卅日寄來
七月二日即寄憲一航誤至四个月之久拖延極矣 凌元伯一
信告余習清史有二十年而不通清語不能深入一步自今起習十二
字頭覺甚問難不以麻煩為苦事也 下午二点十分與室主任
聯席會商討寫錫蘇聯專家之課本室胡先晉葉英樣二人報名

此次去教授報名者我以太忙只好割愛矣　四点二十分第一
部门委员会由我主持讨论工作總结也　夜看翰林舊聞第二
卷

五日　半晴

早讀十二字頭上午看批判俞伯平文章數篇　改稿二十餘葉
伯平来談王某混蛋其子与陈述之子打架而彼袒護其子陈妻
訴之工会訴之宗主任矣某非混蛋而何　下午乐換来要画逹
咪爾賢居區图及尹文成亦言王某不是与伯平所言同　夜周
光途兄来久談亦云王某卑鄙齷齪極矣曾拉周搞派系儼然以
清華相號召据王某之見謂燕京派人家有就非這樣生活不可

電影（片名）暗引以為證人而長恥至于此極！解放後已逾子年，三反思想改造最緊之人亦知新思想新道德新作風之足貴，而一切陳舊思想作風亟宜拔掉，乃某素以聰明自封，而頑固乃爾，年近六十之人，上季一升第二室副主任，即復故態，其將自甘墮敗，詎能久乎？拭目觀之可也。　看雜林舊聞录，凡子卷，畢。魏君考證自非所長，讀書亦不太多，如謂永樂以後未設衛所，竟引明實录為證，是未翻永樂以後之實录也，如已翻過，則其讀書粗心可知。但所記親歷之言，固不可沒也。

六日　六　陰晴

早習十二字頭阿字及愛字。　上午看薩英額吉林外記一卷

六十三

蘇首次用師生員工字眼，前此皆言學工人員耳

將稿交石亭發鈔　伯平來，未及多談。吳文藻來商西康事，伯平去，余亦得多看幾葉書矣。伯平見告部中或另一集，集刊出，余能寫一文刊之。昨亦曾見，亦言翁宗慶有此意，唯稿件可用者不多，亦望余抓緊工夫，隨時拿出以備用。　看薩英額吉林外記二卷。　下午二点赴中華行蘇聯十月革命三十七年紀念大会，会前看吉林外記三卷。三点正式開会，由蘇克勤（副院長）代理劉春講話，並介紹新來我院之三位蘇聯專家。半小時即閉会。：訪文工團，看各民族文工團（屬民委，現改屬民委及文化部直接領導，易名中央民族文工團）表演。五点返家。六点謝春見來告此大僱搬房事

七日　日晴和

早八点半與松寧、湘楚之入城，偕謁細姑、俠姐也。先至中官村搭車

20×25=500

久等而不能上只見車上人堆積如山每一車莫不如是適一三
輪來松橋湘楚先去 車價五千 余又候一小時才得擠上至西直門已
十鐘許始與松菁搭七路車至太平橋及拖樓院胡同甲十六號
而細姑快姐已外出打電話三、五三二四 詢旦姐亦未去在胡同口青
年食堂吃湯麵沽酒二兩飲之出自擠板栗雞子燒肉而味至
美也飯後又訪細姑仍未歸乃呼車至旦姐寓和外東北園一三一 叔宏兄
亦在家見其老母七十九歲步履如常人唯耳稍聾耳 二點余佳民
進余王歷明報告解事又談中西醫問題今由化驗証明中藥常
山可治瘧疾效能在奎寧的六倍以上鴨蛋子白頭翁可治痢疾
使君子可打迴蟲尤以使君子形如桃仁價極賤食之若[illegible]花生末

二十四

以外飲料分量過多即有毒能毒死人須加小心　趙承信談人大勞動系併科問題分析自己思想不外個人利益四字頗深刻　半点余先告辭六点抵方宅款以酒肴煙新感甚也　六点三刻而出叔鑒兄送至搭車處以士璋考取師大附中喜形於色父母望子女有成之心無微不至搭の路車至丁字街再搭西頤路車至藍旗清華南邊湘梦之皆已入睡抱之而歸　柏告今日上午立陪姚家桂兄來家午飯下午往訪劉師直候晚飯七点又來訪約下次再來一談

八日　一　晴和

八点抵部看完敬顏第二部分稿敬顏適來贈我第一部分清稿

九点半多沈家駒兄來訪彼自昆明歸略叙別情及部中事均甚興奮以余既有好意見可向領導提出余首頷之少俟時機耳

20×25=500

補寫昨日日記　看吉林外記二卷　十一點五十分林輯華兄
第二研究室主任　未遑先略拉拉手數語而去彼新自昆明歸極矣　下
午小睡起看外記永〇未交錫伯歷史譯稿囑補寫一至十七節
錯誤之點費批改此　太太吳恩清同志送教俄文九十兩月津貼
共九萬八千九百元來為數甚微亦不無小補　至四點許看完
外記共十卷滿洲薩英額吉夫著未足遍全省而所記大致可信
尤以詳於嘉道之際於吉林將軍富俊不吝訥詞則以薩為吉林
堂主事受命其書體例然也　晚七至九點教俄文　看楊同桂
伯馨通州人瀋故一卷　是早離家到松與余本萬元以昨日進城
車費皆由余付余之存款四萬殆盡故也

二十三

九日 二 晴

早起念十二字題安字差能成誦 又看聯共黨史半頁 飯後買飯票十二萬元足供一月之需 又買茶葉一包二千五百 橘子一斤二千

二百 看姆〻 布羅德茨夫從民族制度走向社會主義二十六頁係根據雅馬洛—涅〻茨民族州的材料分析其條理明白似有心得此則因余曾中看去西部巴尔虎旗牧區參觀之故 讀社雲

東安中學初の十三班一信 彼立志作日記 適與余同 當加勗勉而又引以自勗

下午小睡方起 王輔仁兄來談頗久 看瀛故其の卷數中有光緒十一年設電線卷の葉二之事是成書在光緒中葉以後 晚七時看

主任來與談俄文論文目錄分類及詠春見事林傅、陳、沈、程、譚、金

20×25=500

在治皆在座 八點半散

十日 二 晴和

上午工作如常 下午看元張德輝塞北紀行不分卷寫二數葉

自是殘存之書 惜太簡略 晚開工會幹部會通過工作總結

十一日 四 晴風

上午看報看楊賓明夫柳邊紀略一卷 下午又看一卷 五點半

耀華見來請余至其室贈我柚子一个 並云此不容易是從麗江

親自攜回來的 余再三致謝攜之歸 晚訪耀華談 十點始返 二

又看紀略一卷 阿勇許傳之薩吉泉建汗与根成木爾一文 比之

意大利影片「偷自行車的人」近乎詭矣

十二日 五 晴頗冷

二十六

上午我部與犬試大也　什錫伯歷史譯稿之補充意見：：余鋒
之于此。一、頁14云錫伯族的「底根另称与滿族一个同源分离」以
後保存了原來語文。頁65又云：「錫伯字就是滿洲字」，那則今日錫
伯所用之語文是否為其「原來語文」，實在是一个大問題。頁16
所舉之錫伯語「上殷（白）畢喇（河）」、「松阿哩（天河）」等，都与滿洲語無
異，即其明証。二、頁18引奉天故宮所藏清太宗實錄內載有「肅慎
是錫伯超墨爾根之裔」之說，從而推定肅慎為錫伯首長之名称。
是則以清太宗之滿文實錄說成錫文實錄，其誤一；次則今據漢
文之清太宗實錄25/29a云：「該申之另名席北超墨爾根之裔」。席北
固是錫伯之異譯，但原作該申並非肅慎，其誤二。三、頁20云錫伯

20×25＝500

為古代鮮卑之後裔是有待深入研究的一个問題。但只举錫伯語中之「塔斯哈」（虎）一字，以比对「檀石槐」之切音，似乎近于附会。因滿洲語中亦有「塔斯哈」一字也。而貝子竟將扶餘、靺鞨、挹婁、室韋、渤海都說成是鮮卑、蒙古証据，未免太大膽一點。 松本電話叫余今晚回家。 周芜送来借去之蒙古鑑一本。 下午看柳邊紀畧一卷。 伯平来談，樂煥亦来，似有所談，而伯平不去，樂亦遲遲不欲出口，久之始告陳述、玉書去彼處抄其去夏所調查之材料，大有怨怒之色。陳因不對付亦非是因行是冤家思想所造，自是長期之事。 五点返家。松本欲進城，因小雨而止。 是日中南民族歌舞团在北京飯店彙報演出，余因回家，以票讓之鄭啟瑗。

二十七

十三日 六 陰晴 頗冷

上午寫講稿 十点至十二点開滿族史提意見會 憲之意見頗多亦有可采者 而强人所難 提法欠公平 要大不滿 看柳邊紀畧共五卷完 畊夫似不通滿語 如卷一頁一二至十三云 用行鑲白旗擺牙喇常明之父白二格 年八十餘 少時為太宗臂鷹 今以罪流寧古塔猶能言旧日事 惜老病 又不通漢語 不能詳問之也 即可為記

下午二点龍民妻報告不清 歸寫講稿五六葉 五点返家 順路先訪詠春談一小時 多慰藉之詞 其妻強黃秀似以為苦 泪欲奪眶而出 午餐矣 六点許抵家 適松方歸 柏已來此 飯後讀字典畢字久而入睡 追醒 松亦醒 臥談久之始復入睡 是日發薪

20×25=500

十四日 [illegible]日 晴 少冷

八點半始起 九點許余攜楚雲往謁文如師長談 與寶昌擺黑白子一局 十一點返 松之同學陳某來 俄而文垣偕其妻沈惠芝并其女金嘉（生于渝也）其子金牛（解放後生生之後農也）來 皆約之來小敘宴也 因屋子太挾小故 柏攜平湘燕府遊頤和園以避之 飯後久談 惠芝又欲一見柏而久不歸 三點半與辭 余與松送之中官村搭車 未出園門而柏攜四個孩子回 又同行至馬路車站 在望而風頗大 孩子們又太疲乃返 配接戶外火爐煙筒一節 晚飯後柏返城去 張硯潔女工五點歸海淀去 沐浴而睡 是日東立未來 因人民保險公司中有義務勞動故也

六八

十五日 一 陰冷晴
八点十五分返部 写講稿四葉又写明清提綱三葉 補写叶
日日記 下午小睡 二点十分上課講宋遼金元时代之文化至
四点下課 脑筋不甚清晰因星期二上午蘇聯專家有課要用我
之大教室也 晚七点往第二食堂聽馬列主義基礎录音不清
楚只半小时即停 返看吳振棫養吉齋丛录一本
十六日 二 風小晴冷
生火自今日始 上午看吳录一本下午又看一本 晚七至十点
半開部務会議 一 報告费来部办公每日二小时 宗负责主持部
事 林耀華談云南民族識別工作 宗談接受全国民族識別工作

20×25=500

翁談出刊事本年爭取將西藏概况及土家由来付印二討論一九五五年預算總計八億其中翻譯費一億又学習时间因晚间能前晋日向来十小时改為六小时每星期二四六 是日下午憲来向明代东三省人數与兵數以遼东志云户口二十七萬餘相质余告户口合而言之自古的數不得以日人所断即日數為定論且亦術遼记里云明初兵十九萬多後亦十一萬左右最少亦在八九萬兵既如是人數当不止二十七萬矣 憲又以遼东志只正統八年一種余告以不止一種從和籍檢之正統八年以後尚有嘉靖十六年四十四年兩種云

十七日 三晴冷

六九

昨夜失眠早起头脑殊不清醒 八点半至中山堂听刘校长讲五年来的民族工作 十二点一刻返校 午饭后小睡即起 作家信一件复六兄并汇呈母大人十五万元 二点领补薪五十一万九千三百元 自六月起月加三十五分为四百八十五分 余底薪太低 来我部所本增为五百分 因北大方面反对而中止 只将副教授升为教授而已 亦不幸中之一幸 今则人皆加百分之五为数必不少 我（数目不多）乃合加百分之八弱 尤不幸中之大幸 本来薪金之高低不足见学问之上下 斤斤计较何足云学 肖吴来二本

咏春送译稿来尚通顺 无暇一校原文也 四点至五点二十分开本室室务会议 由我报告部务会议情况

20×25＝500

十八日　四　晴

上午八至十点借閱永○马列主义基礎筆記約二十頁條理清楚說法深入淺出　看養吉齋从录一本下午又看一本　晚飯姚某朗誦馬列主義基礎講義殊不清晰每以兩字一逗如和平政策念成和平——政策不得不以念成不得——不以真似二十年前老舍所誦者一模一樣

十九日　五　晴

上午八至十点看完養吉齋从录二十六卷餘录十卷共八本吴君似点不解清語如有拉賽音应譯具好而作甚好　餘录 10/16 即是一例　十一至十二点鈔明清講義四葉下午又鈔六葉　四点半伯

三十

并持所著大众的发明与西侨校正本华东人民出版社相示，聆为一校。

五点返家，松坂城学習也。

二十日　六　晴

早八点送孩子们上学，途遇王宝兴、润西与戴文桢，小谈即别。抵部已八点一刻矣。上午看林佶吉人全遼備考上卷，下午看完武田寿山满汉礼俗，共二七〇页，为日人学習北京話而写者，足觀者唯页四有六门户帖儿的写法，其籍贯即旗人从前是写某旗某佐领下人，汉人是写某省某府某县，仍是故实。二至四点半写講義六葉，五点往訪詠春，六点返家与孩子们玩嬉。夜早睡，卧看大众的发明与西侨二十余页。

20×25＝500

二十一日 日晴
上午八点許松橋湘雲小燕去参觀蘇聯展覽館 余在家自製火炉架一面倚牆三面皆用螺絲釘釘 好歷二小时半之久手心起十泡並用水洗暖乾 東柏来東看凉怕冷擁被而卧未吃午餐余与柏分飲兩三杯 一点一刻騎車入城開民進会六点半始返閒文兆師約晚飲因柏言太晚只好不去早睡默誦十一字頭一遍

二十二日 一晴
八点一刻返部伯平来取稿去並約為人民出版社寫稿告頭約三年中什八旗制度的研究並告滿漢辭典之計画彼以余年十点

二十一

不少宜帶往第余笑領之而已四十之年方過即作沒事打算未免可笑而況讀書只是從頭作起有何可供誇人耶自愧何及自思也上午鈔講義六葉　下午一点四十分通史考試出一題即何謂安史之亂？它的簡單經过怎樣？它的性質又怎樣？能否举些事例証明你的看法？這個事實在唐代歷史上有何影響？你能否給它一个適當的評價？有不到半点鐘即交卷者亦有一个半鐘頭始交卷者　四点開第一部门委员会幹部会　晚七至九点俄文班上課講完第六課

二十三日　二　大風飛沙走石奇冷

自今日始往小灶喫飯寥寥四五人異常清靜飯菜殊精緻可口

20×25=500

價昂貴耳此備有碗筷不似前此之（二年律）飯前飯後抱兩碗一筷奔走
風雨晴雪中不啻神仙之樂矣　今日看林佶全遼備考二卷完
此書全鈔柳邊紀略但改加標題古人著書本不以沿襲為嫌班
固之鈔史遷詎謂其竊取哉唯書中屢引紀略中余文云云是鈔
之最下者矣　又看曹廷杰所著東三省輿地圖說一卷西伯利東
偏紀要一卷東北邊防輯要二卷三書俱大思精考据詳明談東北史
地者不可不細讀之也尤于東北各少數民族之習俗地望言之
碻詳親歷之尤足貴也　下午四點李有義黃葛綸二兄來商下
屆工會人選余本欲推李仍不可得
二十四日　三　晴

三十二

八点許尹文成兄帶棉袍来因昨風极怕我受寒也　看楊同桂
孫宗翰同輯盛京疆域考六卷　王奕曾劉惠宗修錦縣志八卷　張
文治項蕙修廣寧縣志八卷　馮昌奕王琨修寧遠州志八卷　駱雲
修蓋平縣志二卷　劉起凡周志煥修開原縣志二卷　皆州〻　看過
僅鈔出數条開原縣志[illegible]以明之開原即元之開元不知元之開
元在今吉林明之開原在三萬衛即今地[illegible]楊同桂纂攷之
當矣盛京疆域考5/006所謂後来居上也　下午四点半開会提出名單

二十五日　四　晴

是日看完龍江孟定恭布特哈志畧一卷　孟号鏡雙達呼爾人此
書未著年月　攷德都縣建于民國十七年　葉49a　已載于内蒙成書

必在此年以後各題　下午四点費院長作展開紅樓夢研究学習啟發報告

二十六日　半晴

上午鈔講稿二葉　下午看明楊循吉遼小史　三点半学習報告

蘇院長言本院體育室試用穀貝馬驥德一貫作風惡劣係北大解聘之人，足証我院馬列主義学習風氣並不濃厚云云，大快人心。謀足自警　五点返家。夜入城学習也

二十七日　六晴

八点返部看完楊循吉金小史八卷。所云其部長曰字堇，行兵前锋曰猛安，謀克從其多寡以為号。猛安者千夫長也，謀克者百人

二十三

長也謀克之副曰蒲里衍士卒之副曰阿里喜3/4a又云其官皆勃
極烈女真之尊官也有都勃極烈總治官名猶漢官冢宰諳班勃極
烈官之尊且貴者國論極勃烈尊禮優崇得自由者胡魯勃極烈統領官之稱移賚勃極
烈位第三阿買勃極烈治城邑者乙室勃極烈迎迓之官札失哈勃極烈守官署之
稱昃勃極烈陰陽之官迭勃極烈倅貳之號又有諸糺詳穩邊戍之官諸移里菫
部落墟砦之首領諸禿里掌部落詞訟察非違者諸烏魯古牧圉之官云云3/5b是字菫即
勃極烈亦即滿洲之貝勒也諳班勃極烈即諳版勃極烈王晟在時嘗
以晟為諳版勃極烈諳版女真儲貳之地也可證亦即滿洲之大貝勒也國論即國倫移
賚即伊拉齊蓋女真語譯漢音同字異其實一也余識請語不多
未克一一證實識之備考　翻吳廷燮遼方鎮年表金方鎮年表

20×25=500

卷子一一過　五時返家

二十八日　日始雪竟日未霽

九点将率孩子们往謁文如師秉柏即来于是与柏同去柏訪逞之夫婦余在北屋与文師談　十点柏来接以天将雨也途中柏告家積兒已别匆匆　抱小弟歸与家積見談相別十七八年兒本翩翩少年今已形容焦悴頗見蒼老之態矣　午小酌户外飛雪颯颯屋瓦皆白　飯後擺黑白二局一敗一勝　四点陪之踏雪再謁文師　高名凱兒来又圍棋數局　晚在鄧宅飯　七点半返

二十九日　一雪不止

八点半冒仍騎車返部途中頗泥滑　上午看宋洪皓松漠記聞

二卷 復備課 下午一点半至二点半上課 講元末農民起義

及明太祖 晚七至九点教俄文帶的動詞及未完成体的完成体

三十日 二雪霽

是日看完博明希哲鳳城瑣錄及高士奇浙人扈從東巡日錄

下午四点半工会小组開会討論候選名單憲某公開反對我作

工会工作理由是我对馬鶴天入工会附和了原則性的錯誤余

用意在我名不同意所云之錯誤因我曾堅持入工会是自覺自

願之事不必別人 程溯洛代辦也除憲馬外餘均同意于我

20×25＝500

十二月一日 三 晴 小風 冷

是日看完黄維翰 申甫 渤海國記 三卷 其中有奉寛補注 一条云 按震鈞避政改冠姓更名唐晏 瓶注 鈞著有天咫偶聞及渤海國志

下午六点家駒来 黄萬綸来 朱桂元来 皆黨員也 沈云 愿此番不打倒別要亦打倒 黄云 堅持原則必然会得罪一部分人 朱為黨分支書記 亦云 吴恒此次未被提名 頗有情緒 並發言已覺察出来 又云 工会 會員当然不是拉来 更不是請来的 云云

四点在大食堂 蘇院長对全体教職員工報告評薪經過以及此後應注意事項

晚 家驊来 謂余有進級可能 去再 余告心中絶不作此想 萬一有之 更增若許麻煩 實真心話也

三十五

二日 四 晴冷

是日看完朝鮮人柳得恭惠甫所著灤陽錄二卷及燕臺再游錄一卷於乾嘉之際之政治社会述之頗詳尤其以一韓人去所顧忌更能暢所欲言可貴之史料也 下午鈔講稿三葉有半 四点半至五点半開工会頗有爭辯穆广文吳恒之舊思想畢露無不以爲然 六点晚飯後往訪家駒告下午蘇院長对我部報告升级者七人傅乐煥王鍾翰陳永齡宋蜀華施聯珠賈敬顏黄淑娉余列第二名心焉憂之一則今後更應努力工作以合上級厚意 一則憲穆吳本不滿於我必多添憎我之心然取決於大多數羣衆之意見即除排名亦更淡然處之 夜仲复六兄以庸[redacted]

20×25=500

六点松明同入問来你事曰为你的事而来出示信相示静云示以六兄之信並慰之母の[illegible]含泪而言余心实大不安也

之事至我母處打麻煩事隔十有二載南北分離依法依情何忍
於伊言事上非徒添煩惱耳
三日 半晴
上午看務卷數十本鈔講稿二葉 十一点至了研宗主任召集
本室主任談話对評級事作進一步說明 下午三点の点宗主任
对我部全体講話宣布名單对我則云王鍾翰為教授級最低加
一級還是少了的有此一句話即不進級甚光榮也 の至五点
来我室討論名單孟吟对我大加称贊胡先晉亦然餘均同意我
晉級但吳豐只表同意二字心中仍有意見也 日来不思飲孟
吟拉至伊宅 即费之愛人 煨稀飯蛋捲甚佳飯后小坐即歸早睡

三十六

四日 六 晴
八点崔芝堂来谈 大有进步对日课事亦以前途高兴而去 黄
萬論道政治教研室十余候選名单来 賈敬顏来久谈憲对余
大事攻擊意料事也穆不贊可許實不可也阿勇則明言之 又意
料所不及也 看考卷二十本畢共一〇五人缺考者九人得五
分者十七人 四分者四十六人 三分者三十三人 二分未及格者七
人 五点返家買花生半斤白酒一瓶 餅干一包 糖四兩 橘子一
斤 栗子半斤 以賜孩子們 待過湘燕 飯後沐浴 早寝 与松談唐
事久之
五日 日 晴

20×25=500

八点起床飯後生火此冬煤殊不佳也 九点騎車入城訪熊佑元（西四三道柵欄乙十三号南屋）告以唐事經過對此事之本質以及處理此事之關鍵所在分析甚深入獲益良多留午飯小酌 六点赴民進大學混合組會 半点同永〇歸邀至彼家晚飯因受風小臥茶泡飯三半碗佐以醬豆腐味至鮮美 七点半返部各室主任會報蘇賈院長翁宗主任皆到中以第一室最複雜傅樂煥前後發言凡六次都去分析確見只揭問題而已自以牽連伊本人在內不便作判斷總係自己心慌膽虛站不住立場耳 十点半散

六日 一晴 垂暮大雪

上午備課 十一点王增田（教育科長）朱桂元家駒來談工會事余彙報

三十七

情況略加分析尚去不是處　下午一点半至三点半上課講十五六世紀的羅帝國　課后鈔講稿三葉半　看第三室所編之關於台灣之參考書目最大缺点之一即關於政治性之書報不列于總類之首而列于總類之末甚而列于書目之末　晚七至九点讀俄文　踏雪而歸寢

七日　二　雪霽

上午八至十時看共產黨宣言第二章　鈔講稿五六葉　十一至十二時工增田米桂元沈家駒三同志來談工會事　下午又鈔六葉　四点找沈家駒報告本事答云民族學院這一方面沒有問題伊是地主兼所謂被壓迫之事應抽暇往海淀人民法庭一詢

20×25＝500

八日　三　晴　奇冷

上午鈔十葉　下午由家駒耿杰程湘汝穆廣文談馬鶴天事

六点二十分乘車赴北京飯店應全國人民代表大会民族委員会劉格平主任　張執一副主任　召集座談民族問題也到范文瀾侯外廬夏鼐裴文中翦伯贊馬堅白壽彝尹達等四十餘人首由翁獨健（我部主任）報告工作近况然後交換意見　至七点会宴　宴後散　返寢

家駒來告会商结果主席由陳永〇為候選人並云党方对我始終是支持的也很了解最後以社会主義相勉即云个人主義亦可多念几本書作好图書資料編譯室多負責些工作小組長皆安慰勉勵之詞也

二十八

九日 四 晴和

八点大会协商启钱名塞翁失马后自喜也 与永6谈席事役

公在荟上说明余事云云 钞半叶 下午又钞六叶 二点半

苏院长报告晋级十四人傅乐焕王锺翰陈永○宋蜀华施联

珠黄淑娉之外又增冯家昇陈述李有义柳陞祺孙钺程溯洛魏治

臻郭毅生贾敬颜因去年已升了级而除名可惜也 三点云南

王连芳同志报告滇省民族工作近况

十日 半晴

是日钞讲稿六叶 上午十一点费院长召集学习小组长会商

讨红楼梦研究座谈宗旨任务 下午二点往海淀人民法院

20×25=500

太平莊四号詢問事梭答既為多年之夫妻關係可將詳詳函告示
安縣人民法院補辦一手續即解 過老虎洞買牛肉一斤而歸
三点半走訪文化師告余什一級亦為之高興。陳仲夫來知此
大歷史系什五部循正張政烺鄧廣銘齊思和及自强諸人 来
点出遇小珊並彼小坐知彼自十月中以後在人大講授中國國
家機關發展史一課每周四小時預計一年半結束鼓勵一番
五点半返家 松于十点許始自城里習歸略談一切
十一日 六 晴
八点十分返部 看李希凡藍翎関於紅樓夢簡論及其它 文史哲十
一月 及周揚我們必須戰鬥 人民日報十号三版 下午討論五点返家

三十九

十二日 日晴
八点许起床 九点许秉柏来買一大蛋糕 今日乃究楚兒生日也 十点许与松同往咸府路做皮短外衣量尺寸也 十二点小酌 下午三点修理床 与秉柏談床事 夜沐浴早寢
十三日 一 晴大風奇冷
八点十分骑車返部 備課 下午上課 三点半聆蘇院長報告民族学院發展問題 目前学生一千三百四十人 第一个五年計画至三千人 第二个五年計画至七千人 最後宣布周光淦为現行反革命犯 已由公安部逮捕 詳情俟公布 晚七至九时教俄文 正寫日記时胡先晋同志来告反对余任工会致歉意 夜

20×25=500

十四日 二 大風冷

八至十点我室与民族情況教研究室办公室文物室討論紅樓夢研究之哨心論錯誤　十至十二点作詳函致乐安縣人民醫院　下午作函二件 一致六兄 一致治平 漢口同濟医学院生理系主任 寄呈母親二十萬元 以前月十五萬自此月起加五萬元也

十五日 三 晴和

是日校正人民出版社所譯蘇聯大百科全書中関於中國民族情況一段約五千字戳出应改之处三十九条　上午十一点参加楊年教務長召集之资料室会 一向題陈述所提也全体否定之　晚訪朱懷讓 省伯平病腿 穆廣文在坐

四十

十六日 四 晴暖

八至九点自学共產黨宣言。九至十一点鈔三十九条意見

下午忙于会改選工作準備半日 晚七至九点举行第一部门

委員会改選暨聯歡晚会由我宣報本年度工作總結略帶自我

檢討，以後介紹新同志凡二十一人 改選結果教務處部门委員

会李佩傑等七人，研究部及政治教研室部门委員会陳永力等

十一人，投我票者尚有七人之多

十七日 五 晴

是日鈔講稿六七葉 上午十一点学習小組長会由王炳煜講

討論題要点甚有條理 下午五点半返家

十八日 六 晴

八點二十分返部 鈔講稿四葉半 寫函再致東安縣人民法院吏正余與松之年齡據戶口冊余一九一三年六月一日生今年四十一歲 松則一九一七年六月八日生今年三十七歲 下午一點半至四點半小組討論發言頗合要求 即余之總結亦獲好評 唯胡先晋發言有語病 總緣認識有距離 大受羣衆之批評

午後返家 買糖餅干橘子以賞孩子們

十九日 日晴和

早飯後偕松攜孩子們至未名湖冰上作踏冰之戲 孩子們大爲高興 湘兒至校醫處看耳病 十二點偕松同赴文姑師小宴

四十一

為謝吴大夫繼文杜合英中医亦在坐　宴後与宝昌吴大夫下
圍棋數局　十点返家　晚飯後沐浴早睡
二十日　一　晴
八点返部　上午備課　下午上課講清初之社会經濟及其政
治　向能媛媛動態　三点半与陳男打羽毛球十分鐘　小睡
晚七至九点教俄文
二十一日　二　晴
八至十点学習討論余聯系思想作自我檢查以行動上尚能作
到服從黨的領導而在思想上仍有一定之距離也努力改之甚
難好許　是日看完遼東志九卷嘉靖十六年

20×25=500

二十二日 三晴 下午小雪

是日看全遼志六卷 嘉靖四十四年 畢 十点批評尹文成勞動紀律不好似不覺就起而興言有事即去 十一点許訪宗主任談業美棣之舊作風以至影響工作問題及尹文成问題 不守勞動紀律 应批评应开除 宗主应視業之接受程度而指出之具工作上之錯誤应說不要怕得罪人应建立室務会議制度 下午二点曲家騏談 三点敬顏來談甚麼本院發展問題也看法略同 晚訪賴華談

二十三日 四晴

是日看完謝國楨清開國之史料考上冊

二十四日 五晴

の十二

是日看完清開國之史料考下册謝君以明清史專家自鳴而此考大抵鈔录序跋殊少見地且因未观本書自难妥下斷語即以明之兵制有图營而誤以為緑營洵天下奇聞自又普通常識亦不够矣　晚訪敬顏談

二十五日　六　晴

八至十点參加資料室業務討論第似略有覺悟　下午自学聯共黨史第一章　四点半返家　柏来飯後携平燕入城

二十六日　日　晴

早六点起　七点半松與余携湘入城　九点許抵四姑姊姐家　十一点半柏與平兒到　十二点二十分立與燕来　午餐甚丰富

飯後与松兮携手湘照驅車往首都電影院看薩特洞四点散
返家已五点半 飯後早睡因傷風喉啞也
二十七日 一晴
昨買棉手套一萬一千 甚暖 八点十五分返部 上午備課 下午上
課此最後一課也 是喉啞尚能努力以赴 下課時博得掌声 三
点半許來換对余所寫滿族史第一段提意見 非深入之見乃形
式之談 点自可採 晚七至九点教俄文講一小時 即不能成声
趙鴻慶等請余早休息 遂下課
二十八日 二晴 室外零下七八度
是日看完清初史料二種 即馬文升撫安東夷記及苕上愚公東

四十三

東夷攷略　又看張佩綸澗于日記十の冊完自光緒初迄二十一年多讀書札記之件不脱書生見地大致皆有為而作可以補史殊有限而支離破碎之處甚無謂也　夜与家驊談

二十九日　三　晴

昨前二日以喉咽極少吸烟斗今早起覺未全愈尚能說話矣

是日看完明張鼐遼夷略及海濱野史建州私志此清初史料の種中以東夷攷略為最佳敘事簡而明亦皆有據之言他則扼要東夷記載早建州私志又載晚而遼夷略詳于朵顏三衛及海西南関北関而于建州則極略也　上午十一点王炳煌講學習討論題要点　下午發蘇聯專家講稿第二講共二十三頁　鉛印

20×25＝500

三十日 四 晴

上午補發晉級薪金 本十分 凡七月八月十六萬四千二百 又發俄文講課金七萬四千二百 家肆未借の十萬元買虎大衣擬于該日十赴津找女友也 是日省完遼陽州志 康熙二十年

三十一日 五 晴風

八点理髮 六十省鐵嶺縣志兩部 康熙十六年及二十二年 出通史二題

語文系二年級全体同学来信賀新年也 復之 下午三至五点本院中国科外交系室主任及教授都四五十人由蘇克勤院長主持發言者頗多余亦略言本院应向綜合性民族大学發展于道泉未解余意而唱漢字拉丁化之說 聞在宥師到校可喜也

会设去费宅过年盍吟坚约也是夕到潘光旦吴丰培魏治臻费淑婷陈凤贤另一张姓女士加费氏夫妇凡九人盛青美酒虎骨酒家举也　八时与薛迪家迨九时始辞平湘燕庐访觅往校内看电影后往迪之迨返来已十时有半矣

一九五五年一月一日 六 晴

早起與丙許兒戲 九點秉立來 十時與立松率許兒往謁文節

久談 仁之夫婦亦來 詢蘇化章月薪數學輔助員（二百四十分） 十一時返

午餐飲酒 罕見之事也 餐後立撥半入城 午睡四點始起

詠春來 六點吳達文大夫來作揖而去 似酩酊也 買棉褲一件 價六萬九千

二日 日 晴風冷

竟日未外出 亦未看書 只閱北大校刊歷史系張政烺駁老實鄧

廣銘官樣文章而翦伯贊借批判胡適似語中有話也

三日 一 晴風冷

八點半始到部 未騎車故也 是日輔導學生溫課 看塔子溝紀

略十二卷　晚教俄文两小时〇十二分

四日　二　晴　大風奇冷

是日仍辅导学生温课　看岫巖志略十卷　又瀋陽紀略两種各

一卷　何汝霖　潘祖蔭

五日　三　晴　大風冷

八至十点监考凡一百一十名　發聯共黨史简明教程名词解

釋一册（人大出版）　看东北舆地釋略四卷　又钞出塔子沟紀略中

蒙文卡片八十一張　下午四点敬顏來談甚适

六日　四　晴和

上午十至十二时宗主任召集各室主任談研究部之方針与任

務蘇公來意見頗多亦有可采者如民族情况教研室之不應列
在部領導之下　是日看完屈寄敬山黑龍江輿圖說屈君通滿
蒙文又久居黑省故多親歷目驗之言下筆亦甚謹慎惜輿圖六
十一幅未及借來所云山水無法辨識耳其中明置衛所亦約略
及之若與吉林地志合觀于明之衛所得其十之七八矣　下午
四點馮公來談女真非肅慎之說因伯希和言扎音之與Su音絕
不可通乾隆修滿洲源流考不免以訛珠申高攀肅慎而已又
告按春即按出虎或阿勒楚喀因此字之來源為突厥字Altun
蒙古文因之而作Altai皆金也而按春Ancun中之n由l而
變c即t之輕讀滿文解作耳墜乃後起之義猶之阿勒楚喀之

作耳解一也满文之金字變新 aisin 恐亦從 altan 而来馮君
通古維吾爾文所言当有据即以音韵推之無不合也
七日 五 晴和
上午十閲胡先生所編蘇聯期刊中有関民族研究的論文索引十
餘張分類甚亂 下午三時找胡談分類問題余建議分两大類
即民族理論与政策及各民族研究在各民族研究下再分一般
性民族史民族誌三小類然後按地區按民族分之胡即接受厥
為路正 看通史殘卷十餘本 五点半返家晚飯後女工張硯
潔之家人来告伊父去世俟校学習回家後伊即返去約五六日
方能回也幸松有星期例假十日可移作此用

20×25＝500

八日 六 風冷

八点返部 李有義偕達潘梓 对红楼梦研究批判的意義至九点半散 下午補钞学習筆記 四点半返家

九日 日大風 奇冷

早起興炉子 十点木工來修床不收報酬 示互助也 十一点入城 十二点在民進聚餐到九人 餐後雷潔瓊談巴黎十日之遊觀感 王歷明談政協体会 五点半散 六点半返家 柏巴去立苗 炒一菜尚好 飯後点表

十日 一晴 風息

上午看卷子十餘本 下午又十餘本 鈔出黑龍江與國說中

沼草部分凡七葉

十一日　二至十四日　手省卷子一百一十本數　是日上午松米

学習自修至下午四时返去　昨發薪　今日寄母二十萬

十二日　六大風奇冷

八至十点学習討論　十至十二点改正学生分數　下午一点

半至四点半学習討論　会議回家　此周看完明賀欽醫閭先

生集九卷清戴梓耕煙草堂詩鈔四卷戴亨慶芝堂集十八卷劉

廷璣在園雜志四卷常紀愛吟艸一卷金科豫解脫紀行吟一卷

金朝覲三槐書屋詩鈔四卷大都艸艸翻過一遍殊無所得尤以

漢軍劉廷璣不兼滿語為不可解

20×25=500

十六日 日晴冷
上午未出门与孩子们玩 詠春来久談 下午六时許往謁文
如師略談告侯敬山並不諳滿語蒙語但善用三史國語解比附
言之恐有誤也又貽以直隸布政使廷杰向慈禧太后請安摺滿
文六一掌故矣 与宝昌名凱圍棋五六局 九时許返
十七日 一晴風冷
八点返部過齋通史班学生成績于記分册上 下午喬家儒来
爭分數者又加一筆 看皇清書史三十五卷 晚報告書債
十八日 二晴和
上午八至十点学習会 看畫家知布衣九卷 下午学生馬宝

瑞占來求加分　卒四等屬良不復改矣　買公債八十一萬元自
六月起至十月止月扣九萬共九個月扣完以視去年只買四十
萬加一倍因家中收入略增也
十九日　三至二十二日　六　因翻看遼海叢書第六集與第八集去
明作日記其中瀋館錄七卷記崇德二年至順治元年事最有裨
於清初之事至宣若海所著瀋陽日記但嫌稍略耳　二十六日
上午又看完盛昱雪屐尋碑錄十六卷亦為有用之書尤以乾隆
以前所記精奇尼哈番阿思哈哈番阿達哈哈番拜他喇布勒哈
番拖沙喇哈番等足補史闕　下午室內清潔明窗淨几恨不十
年讀書　昨夕數滿文卡片五百六十五張　四時返家

20×25＝500

自上月二十三日至本月七日校中放寒假十四日今補記于此

上月二十三日即舊曆除夕是夕秉立蔭柏來校又延吳瀏文大夫度歲自七点小酌直至九点許始畢而立柏于八点携干湘入城　酒後吳大夫又坐談半小時始去

二月二十四日舊元旦也九点出外拜年先至燕东園周一良未起見其愛人鄧懿又至洪謙例亦未起也至蕭伯贊遇楊人鞭又至高名凱出後至文學師至翦崇岐小坐俟北大六樓見夏自强至燕南園齊思和又至侯仁之最後至蔡詠春而返〻已十二点半矣　下午松出外拜年余留看家三点半名凱来下棋四五局一良〻鄧懿來

二十五日余与松入城從九点半離家十二点半始抵立柏家不
曾由津乘火車至京矣　下午松返家　余留城
二十六日上午九点余携湘兒先至金奎張留我飯〻後同至熊
德元家已三点半彼等午宴始撤去也　又与奎同至楊敏如家
王爺佛堂十五号　又趋車至和外方叔蹇家皆外出小遊海王村而歸
飯後携平兒至翁獨健家南池子二十五号長談二小時始告歸
二十七日早八点出西扁之西忘戴眼鏡与手錶其鑰在東立一[illegible]手
於是又携平湘兩兒至西交民巷人民保險公司再返羊尾巴胡
同取眼鏡手錶其鑰則留房東處　迨返中官園已十一点矣
二十八日上午八点許騎車至松宿舍至林耀華潘光旦費孝通

20×25=500

皆見楊亨蘇克勤皆不在家 于道泉馬学良亦皆不在家 至馮家昇久談留午飯

陳永齡傅亦煥王森李有義陳述皆不在家 王靜如聞宥楊成志皆小坐談

至吳文藻不在 見謝冰心 下午至吳恒朱寧宋蜀華見憲彦之

見孫鉞柳樹祺皆不在家 程溯洛小談 金在冶見譚石亭家不在 盧念蘇

張茵陳皆不在家 李文錦胡立煌亦皆不在 翦伯贊主任長談一小

時許而歸

此後皆在家看三史語解畢 又看賈敬顏鐵與女真人的發展

一文 二月二日下午五點赴校中全聚德西單之宴迎新也

小燕病燒近十日 湘兒亦病燒四五日 陪其嬉戲亦一樂也

二月七日晴

上午八点前两送千应湘燕至幼兒園返部才八点也　是日看
满洲祭神祭天典礼六卷夢鹤軒楳澥詩鈔四卷　吴恒送十
一月一月两月俄文講課全十二萬二千元来　是夕觀評戲白
洋淀的春天近話劇也
八日　二　晴冷
是日看多隆阿所撰易原十六卷毛詩多識十二卷慧珠阁诗一
卷張玉綸撰毛詩古樂音四卷夢月軒詩一卷及大元大一統志
遼海丛書共十集都翻阅一過矣其附录三種满洲實录余固有
之其東北乐别录宣统别录两種則尚未之見也　是夕回家
九日　三　晴仍冷

20×25＝500

日来感冒飲食乏味起居欠佳也　下午四时憲庭之賓敬顏来
談薩拉香錫伯民族簡史提出意見頗多　是夕赴馬列主義基
礎一半因頭眩即早歸睡
十日　四　晴
病起什滿文字片子以遼史語解起依滿文翻羅馬拼音無向
題矣竹夏自喜　下午十二时半至民委聽楊靜仁偕達圖總理
直至八时始返令人生倦　夜早睡
十一日　五　晴
上午九点許正讀書间葉美棣吳丰培来告張景蘭調大圖矣葉
頗驚惶余本未預知即徐慰之走訪韓丰副主任知夏康農之愛

八将调补也　下午五点半回家　胡编卡片至雅明道打
十二日　六　晴
上午八至九点找锡伯营材料未得　名凯兄来小坐谈　十至
十二时开会商艾思齐谈讲内容问题也　下午先自学后漫谈
四时半回家　晨乡松与余携湘看电影平不敢话也
十三日　日　晴
上午九点许细姑快姐来　十点许立柏来　十一点与立楞平应
楚走谒文治师以其在家太闹故也　十二点返　午餐后小睡
四时往东门邮局取鱼一大箱重在三十斤以上价十万置车上
推之归　五点柏早去与松皆泣因平渐长大渐学坏也

20×25=500

十四日 一 晴

上午十時至十二点开会对余編满族史提意見也 下午二点半至五点全校大会由沈家駒作錢俊瑞關於中蘇友好之傳達報告 晚夕入城看明朗的天 或云江道宗即陆志韋所云李作新回了了橋終作一墻即陸語也 去江道宗与張福麟任燕大学生自能描摹一番

十五日 二 晴

又小感冒極不便讀書 翻乾隆二十六七八三年實錄檢不到錫伯營移伊犁之史料 恐事或非此三年内事 下午二点半至六点何其芳北大文学研究所主任談紅樓夢研究批判之經驗 晚七至十点慶祝中蘇友好聯歡演出 發六兒一信 呈母二十萬元

十六日 三 晴

上午写对锡伯民族简史意见约七百五十字萨拉春君以锡伯即鲜卑古之鲜卑山即室韦山室韦山即今之兴安岭从而以锡伯或鲜卑为一字误作富有美好之意未之率强附会不知锡伯非鲜卑后裔古之鲜卑山不等于室韦山室韦山亦不等於今之兴安岭何况锡伯一字在满文中本作棚解或笙草乎 宪买均同意即以永龄照抄矣 闻在宥师来合肴也 下午三点半至七点参加全校反对使用原子武器签名大会

十七日 四 阴小晴

八至十点座谈昨会之感想与收获 实学书店来买皇清开国方略 六册 广百宋斋本 一萬五千 下午三点半至六点开全部大会介绍

20×25=500

嚴信民、夏康農、韓豐三位副主任及新来同志十餘人，翁主任談
部中工作及每人三年計画向題，頗獲好評。嚴夏韓三人略談
是夕看西南高原的春天（稍放不清）与小淘氣（德片）两片，就寢時
已九点半，始知陰松来不能歸矣，不知今晚何人看家也，此分居
两地之不便處

十八日 五 晴小風

上午訪伯平兄，談彼所作維族簡史与專題研究相諧合矣，余所
只好担八旗制度研究或錫伯族簡史耳。下午一点半至四点
文化補習學校暨俄文班開學典礼，余得筆記一本，書二本。五
点返家，知陰松昨夕已来，余心稍安

十九日 六 晴大風

八点返部得夏生姊一信告姊丈病呈三锡上学需款十萬 东安八區

楊柳井鄉耙塘村唐 應寄五点應与松一商也 下午時事学習討論夏席農主任参加發言頗中肯殊有益也 の时半騎車返家因逆風推之歸甚費筋振家返六时矣

二十日 日 風晴

上午無事与小孩们玩而已 東立陰柏來 午餐後余騎車入城順風可謂一帆風順矣 民進大学混合小組会先談目前國際形勢後談大学工作日及工作量问題 五点半散会風停回家才六点半 松完全同意寄夏生姐十萬

20×25=500

二十一日 一 晴小風

八点進部 作复賀生一函 適接四兄信又需十萬因其賀耕半今春甚窘亦作一函勸其努力生產从勞動中改造過來一年只郵十萬或不致長其貪心也 下午一点半至三点半聽李杭育先講宇宙的結構極通俗亦娓娓動聽 三点半与朱樸敬顧計劃學滿文林清錫伯族龍科生廠教定每星期一三下午四点半至五点半从清文啟蒙學起也 夕看電影四十分鐘

二十二日 二 晴風息

上午打完遼史語解中之滿文約四百字 發賀生四兄各一函

下午滿族史小組總結余發言頗被重視 夕聽課二小時

二十三日 三 晴
下午我室總結葉美棣对余似有不滿能之可也 四点半与賀
傳學滿文六个字因傳催開会也 夕訪水白談
二十四日 四 晴
上午对吴建中所編資料寫了提意見以水白 下午第一室總結由翁
主持夏点参加年点四十分散会 夕俄文班会
二十五日 五 晴
上午与賀至隆福寺買卡片未得至东安市場買得浦廉一松井
支那近世史 二萬 两册 又市村瓚次郎支那史研究 一册 一萬 十六时同至
西安食堂 新街口 吃羊肉泡饃 六千 夕返家松以寄四兄钱可

20×25=500

俟下月再說　是日对院圖所編資料宗引提意見九条

二十六日　六　晴

八点返部　名凱來談一小时去　至資料組翻資料一小时

十一点与賈吴丰培尹文埔研究鄭乃張画圖　分省共二〇十張　半小时

下午北大物理系教授李　来講原子能　五点許返家　晚

飯後与根佳大礼堂看革命医生白求恩影片

二十七日　日　風　頗冷

上午率平应楚之三兒去合作社買花生米一斤半斤一千八百　下午十三

点半往謁文物師尚李龍已到京接翻印楊守敬地图之聘一年

現住朝陽門外杜家樓十四号新華社地图出版社　四点半即返

晚既就寝 詠春夫婦叩门送所譯蒙古人民共和國歷史概要来

二十八日 一 晴

八点返部 九点韓主任陪楊明同志来到資料組工作 及主任之愛人也 余陪至本室各同志一一為之介紹 下午四点半与賈儆習滿文十五字 晚七至九点教俄文 增至十六人

20×25=500

三月一日 二 晴

發行新幣自今日起余原銀行一百萬元是日後加至十萬元折合新幣一百五十元連前利息三元餘

二日 三 晴

下午四点半習滿文二十六字 晚工会夜会 是日下午韓主任找余談楊昭同志之入資料室工作業頗冷淡宜注意及之

三日 四 晴

上午八至十点在本室開会討論本部方針任務 十至十二点至歷史組 午餐後翁主任來我室長談一小時对憲擬發愁而問余能否參加简史余告無成見 晚加上基礎課二小时

四日 五 小雪紛飛

上午省梵老之清統治者之民族同化與民族政策 十至十二點討論余作末一章第五次也 下午上三樓見憲原室賜璽一字係憲字之滿文音譯當是璽之誤以一沒落之滿洲貴族日日口中反對漢化即自己名字亦不能用滿文寫出至可哀矣實亦必是從別人問來而自己誤寫也極有理 接李龍一函 是日買得馬克思恩格斯文選兩卷集第一卷六元五角加以列寧文選兩卷本兩冊學校所贈及斯大林全集尚未出全與加毛澤東選集經典著作略備于斯假以日月必細讀一遍 是日返家

五日 六 仍雪

上午八点资料室开会谈业务　八点半到院务扩大会议由刘怀平主任主持直至十二时始散主要讨论研究部之方针任务也　下午一点半同冯家升傅乐焕陈述孙钺至科学院出席胡适思想批判讨论会顾颉刚师发言有为自己洗刷之意所云为考据学说几句公道话者一是处　六点半返家

六日　日　仍雪

上午未出门　但看孩子们作游戏耳　十二点陈柏来说日生日也怀为买一鸡小作庆宴　二点余踏雪访吴增祥见寻得旧卡片一箱携回两千余张正我所需作满文字典用也　又谒文如师　四点许即返东立亦来闻任不能来告家母念子之切

有一別又十年一語最是感人深愛回憶十年前一聚乃相別十三年之久今復十年亟謀歸省候之夏冬

七日　一　小雨

八點返部清理應辦之事　下午作金史語解（卡片）一卷　四點半應上滿文課傅常均到溫習了一小時而林生未來可怪也　晚上俄文到十人輔導複習也

八日　二　陰

婦女節也下午婦女幹部放假半日　晚飯後與家駒訪夏主任病故也劉則正與愛人楊明同志共飯後出毛台餉我佐以醉蟹其味鮮美不飲毛台已十載矣俄而唐石霞亦來　八點與韓歸

是日接夏生姊一函告所寄十萬已收到並望約今冬返里省母可感也

九日　三　小晴

工作如恒上午十一点討論賈任乃張繪图事　下午四点半林生来教滿文二十九字　晚訪敬顏方傅公所著皆編輯之作殊据非其所長而近作薩吉爾迪汗与根特木耳仍多如是之條分縷析無一条真實證据旁觀者清可謂知言

十日　四　陰

下午二点半艾思奇来校講演从研究方法批判胡適的實用主義啟發之處甚多　晚七点李龍来始知先到潘老談至九点隨

乘車進城去

十一日 五 陰 小雪

上午十一點[illegible]開會討論批判胡適辦法　下午三點半至資辦公室遇玉林錫伯人談薩拉春編寫錫伯史問題　憲雲六點歸

五點憲來詢滿清二字之由來告應查一筆記及申報

十二日 六 晴 風

自今日起發薪用新幣　十點潘老六來問滿清告以有兩可能一在清初一在清季而文獻不外一老人如齊白石 九十三の 二筆記 小說三報章雜誌如申報東方雜誌　作完金史語解卡片　下午批判胡適討論會上發言　五點推車歸

20×25＝500

十三日 日晴

八点与松翠平湘燕入城先至东立家留三儿乃与松复至王府井百货公司买布缺布票適遇徐夫妇借我二十尺买之

又至市场买满俄辞典 Za Ha Hopb 二十元虽为原板 1985 亦不为不贵矣

十二点许返陈宅细姑使兄友三表姐与士璋娃小胖已到 餐后小睡 四点半兄友及许娃女去 六点饭 遂与松携湘燕返家已八点半而应楚犹未睡餉以糖菓高兴而寝

十四日 一阴小风

是日發家信寄上十元 什元史語解卡片

十五日 一阴冷

九点宗主任催审查一任乃强地图意见，乃作口头汇报　下午十二
点严学宭（中南民族学院副院长）报告海南岛黎族情况，颇为具体　四
点半习满文语文，条耿世民同志亦来，而林清同志迟至五点半
始来，许人已去，余问弟妹大三字　什完元史语解卡片，三史语
解至此均什完，新增卡片一二千张矣　印远雄见苗族来访不见三四年矣，形容颇焦卒
是日翻乾隆二十九至三十一年实录，找出锡伯迁伊犁十一条
十六日　三　晴
上午十点许傅吴丰培来，商购满文书籍日本人今西春秋之书　晚访蜀
笔谈一小时许　又至彤白谈一小时许　九点半始返寝　是日林清来教二十九字
十七日　四　阴风

上午写出審購满文書籍意見四条由羅明道交宗主任　再查
光緒二十五年会典事例户部新疆屯田卷一七八卷　錫伯六条　下午一点半
翁主任来稍談　二点開会到歷史研究人员二十五人由翁主持
会将散憲恩發言对翁吴恒及傅不满意在攻擊别人为自己辯護
而太露一手傅則理直氣壯痛加駁斥一快事也　晚往飯途中
遇陈鳴薇陈依蔡邀至文工团食堂飯竟喫一鷄不负口福　七
点詣至贾宅开大会小组会九点半散　贈農民一書胡繩著怎樣搞通思想
交黄淑娉
十八日　手風陰
十至十二时讨论梦老论民族政策与民族關係一段写作極壞

而寔極力从好處說以示好於楚之心可誅也　下午整理一般卡
片費二小时之久　五点半返家乎兒尚留城拔牙故也
十九日　六雪霽
上午返部翻吉林通志二本下午又三本　得珠姪廣東黃任洽沈第一号信箱
及社姪東安縣中來一信　下午照常办公因学習討論改至下星期
二下午之故也　六点返家
二十日　日晴
上午攜湘兒往謁文如師因長生去十九中海淀取入学試題候
至十二时始返秉柏寧乎兒歸　午餐时長生送試題來為森弟也
晚方接逞之来訴失業求事之难　一点半赴民進会談西藏甚

久罵華又談民主党派在過渡時期之任務與作用嚴景耀趙在
信張旭生吳東之等指出本人改造之重要 七点返家
二十一日 一昨夕又小雪晴十雨陰
八点返部翻吉林通志 光緒刊本三年 下午五点半乐璜来略談今
後工作計画 晚俄文改試到十了人 刘淑琴退去 九点半憲東先
对余捧了一顿 我没提出自己对满族簡史之見解不当是實如余
所唯唯否否不敢不小心說話矣
二十二日 小雨陰
上午十至十二时在傅室討論工作計画 楚先不来 下午一点学習
討論薛家驊緣鐵嚴治峒全在冶羅致平韓廣文發言五点入余與

贾毕退学满文三十字又问六字林清去谈贾留谈对俄不去徵
詞談科院了段始末此第一次課入之谈话也　晚上课
二十三日　三　晴
八点電話向甫通金典事所二十元为錫伯玉林携回伊犁之用
補写前三日日記　晚訪耀華談　是日看吉林通志三本
二十四日　四　晴
看吉林通志二本　十点至十二点王炳煌講党的组織基礎之
要点　晚訪家駒談　同往看單身幹部宿舍　又送楊成志黄淑
娉陈鳳賢秦运四人廣州调查之行　寫出錫伯歷史意見　六点
二十五日　五　晴

20×25=500

上午開通書社送大清会典事例来值二十元　下午二点往聽人民武装部队張處長作兵役法之報告　六点返家　九点许松始自城学習歸　承我席女一信意在打秋風也

二十六日　六　晴

七点四十分到部　八点往達讨論要点　九点憲送稿来意甚自得也　看吉林通志四本　下午一点半入城至統戰部礼堂聽胡適批判会發言者八人以劉大年为最有系統抓住了問題的中心　童書業自青島趕来發言尚有條理但多數發言是对顧頡剛師而發極为中肯　七点返家　会前遇李龍吉昨日有上海友人来不能作出城之游

二十七日 日陰小雨晴
上午未出門 東交蔭柏買雞肉來 下午三点訪洪謙未見 又
至鄧宅坐談一下 少時而歸 抵家時遇邵循正邀家小坐即去 晚
七点与松看銀灰色的粉末 是日為楚雲剪髮
二十八日 一晴
七点四十分到部 溫滿文 寫出圖書採購規則草案意見六條
訪夏主任久談 訪貴院長小談 晚教俄文
二十九日 二晴
工作如恒 看憲稿 晚上馬列主義基礎課
三十日 二晴

20×25=500

上午看憲稿　十一点治徵来告王静如不認欠書事語畢而泣
余即找王立具欠条　隨又告之韓主任　下午宋蜀華代王送
書来　四时半林清又来至余録念十五字　晚訪孟吟楊明来
蘇葉美樣談
三十一日　四　晴
八至九点与鄭啟媛談　九至十一点舒慕同王麟皆錫伯人来家賀
点来同談　十一至十一点半与治徵談　寫日記　晚六点半
入城参加民進總会國際時事組会到陈麟瑞中國建設社编辑主任　王歷
耕北京医院外科主任　李賢集中國人民銀行總行办公廳法規研究室研究员　高爾柏高教部教学指
導司工作　楊学純世界知識社编辑　沐紹良高教出版社编辑　此外馮賓符亦鎮

九点散会　十点返部

20×25＝500

四月一日 五 晴

工作如恒 午邀家駒喫餃子年二十五枚 夕返家 星日看完李文[illegible]清公（棠階）日記凡十六册

二日 六 晴

八至十点資料室談工作 鄭啟媛提出地名卡片問題 旧報一九四九至一九五

二 安理問題 業務提高問題 楊時提出重心与分類二問題討論頗深入 十一点家驊來告別去貴州也今夕起程未及送行矣

下午聽張經武代表講西藏自治區籌備經過 五点回家

三日 日 晴

早八点許与松栋应楚之入城 湘滋進一平昨隨柏去矣 十点到陈宅

十二点细姑挟姐来 餐後松隨姑姐去遊市場 余留看小孩

四日　一　晴　是日起放春假三日

早六点柏去　七点半秉亦去上班　八点许余与根雪孩子们去游中山公园　将行快姐来遂同行　平湘燕坐飞机五分二次汽车一三分次　府则坐汽车二次　楚太小不敢坐　十一点半至食堂吃午饭八人四元八角五分　一点出公园　既过马路将候西直门电车　而平儿乘环行路者未及三分钟即发见　询之电车站及通警皆不可得　打电知秉立来　沿西单西直门北新桥至羊尾巴胡同派出所亦不见　[illegible]秉以为必被人拐去　余断其必无此事　否则白昼无此胆大之坏人　府则平儿聪慧甚解事　但有两可能　府则平儿见余等不在必哭　三则告众多必送警察　不知停留何处耳　府则平儿自作聪

明不肯不管自己上下車不到買票年齡售票員亦不知誰人之子能其上下此時或在返北大途中或在西直門或已返中官園而東之極惶懼以為此時向已過四小時大有意外可能余因商之楊先率湘兒歸一至北大探聽且過西直門仍可察看一切遂于五点起身六点到西直門詢之通警詢問電車站詢汽車站皆不知乃搭車返抵西校門已七点矣校警亦不知至中官園仍不見吃餅乾萍果而臥因湘兒未午睡太疲倦也　九点一小兒叩門余心動以為平兒歸矣啟扉則安娜平生未背其母已送平兒回羊尾巴胡同矣　余心始安城中人當然何高興也

五日　二　晴

六点醒，七点湘兒始醒，起盥洗畢，吃麵包半个，牛乳二磅。至任家（八十三号），未起。稍坐，承康夫婦出，告昨下午三点得柏電話，即託四鄰留意。四点半，平兒到家，被王家女工發見，引至任宅，任太太極力勸說，而平兒不發一言，亦不告城中住址，後托兒所趙阿姨來，始問出住址，任太太于是送之入城云云。硯潔來，領湘兒歸。余于七点三刻入城，九点一刻到陳宅（柏六点返回），始悉昨平兒謀乘環行路至東單下車，改乘三路汽車至西直門，再換西頤路汽車至中關村下。途中不哭，自有主張，大有本領，人人稱道膽大聰明，以後要不了了。然个人搶先去，非个人英雄主義表見，此惡習不可長。何況大人大吃虛驚，足足忙了一个下午。十点許返北大東

20×25=500

送至西直门而去 此则不必 但可见父母对子女之心耳 下午
睡醒余率小孩子人至园内更重游戏场玩 垂暮锡门前地摊
美人蕉 西番莲

六日 三 晴

早起余提议游颐和园看玉兰花 松怕又丢半只 此则因噎废食
岂教育子女之法 力说服之 九点至园乐寿堂 玉兰尚未花也 余
始悟民院之玉兰已花者乃养于温室中花后移之礼堂前也
游至排云殿而返 下午余率孩子们谒文如师

七日 四 晴

上午八点进部上班 补写前数日日记 看吉林通志 夕访寓恩与敬康谈

八日 五 晴

看吉林通志畢凡一百二十二卷前有光緒十七年長順修志奏而卷一百二十一有光緒二十年語是志刊於二十年之後無疑是日又看帕米爾图說帕米爾輯略澳大利亚志略 夕回

九日 六 晴

八點返部葉美棣來訴楊明以至哭泣葉素自持而頗夜郎今稍經指出錯誤似不能自立亦多可笑凡月來頗有進步亦肯請示相商固宜之人有善也 楊明來談至十點始去 十至十二點對憲稿提意見據其筆記加以分析多可發噱之處 下午學習討論 六點返家 過海淀老虎洞買竹大小八支 四元 以歸

十日 日晴

早起与松商架花棚松徃邀運之及其火爐前拆卸烟筒 十点秉柏来運之点来于是共商花棚安置之方去屋前子六尺之地立大竹子支高逾屋簷二三尺上搭横竹子支子大竹上搭一長竹与屋簷齊再於子大竹之前七八尺之地立中竹二支作门上搭横竹一又两竹通接于子竹之上中承两竹以支之此設于竹门两旁用旧樹鋸短不過二三尺高圍作短籬最設于屋前右側以短樹作旁门數前横地周圍一二尺之廣可植花木倍覺舒暢矣 計既定余又至海淀買四根大竹来 秉立侄（現在北大法律系肄業）来亦幫忙以四人之勞力費一日功至傍晚大致告成亦楚楚可觀而四鄰

欣慕頗有来問訊者

十一日 一 陰晴

八点追部 看滿洲源流考官制门 腿部頗酸楚無力 祁子祥送所作对許文雨詩人李白的偉大成就一文的商榷来求正 略翻一過 祁生於太白之詩尚熟 所論亦有意思 夕翻俄文

是日滿文林清又未至 自学十个字

十二日 二 晴

是日腿仍異痛 上午十时至十二时 辦傳对憲稿提意見 下午看源流考語言门 夕上馬列課

十三日 三 晴

20×25＝500

是日發薪一二六三〇五五元 交工會費一元三毛 買書四本四毛
三分 下午取斯大林全集第三一卷付一元七毛 看源流考
夕訪伯平詢努朵哈齊之意告以顏左余只知齊為人稱滿蒙一
也而不知哈齊在維文即是人稱与噶齊古齊為一類也余問巖
哲庫之庫与辛各庫之庫亦皆人稱鼎小卌因為誤釋即滿文中
亦只釋庫為物稱是一問題伯平告維文亦同滿文去人稱之例
或古齊之省耶 返睡看滿文文法名詞与形容詞 大看羅常培中國音
韻學導論 擬不能成寐 夜小風
十四日 四 陰晴
早起誦俄文一頁半滿文十六字 飯後由吳一飛同志介紹識

曾麟同志允助習滿文每週一小时也　看歷史唯物主義小冊子畢　玉麟来取会典事例及文件去　下午四点教務会議討論購書办法余亦参加并提出原則性的修改數为衆所贊同今後宗主任令余作文字上的修改　夕　工会小組会

十五日　五　小陰小雨頗冷

看滿洲源流考　惜我知孟森对滿洲二字之解釋純本于此印本覚对滿文亦不甚深如釋努尔哈齊本于尼嚕干直是笑話余疑滿洲二字係(韃靼)之異譯证之藏文稱滿札　大有可能　详加攷证尚有待耳　下午四点工会代表大会　六点返家　始悉鄭師母中風　飯後往慰文如師九点始返寢

20×25＝500

十六日 六 晴

八點返部。看滿洲源考疆域門，我深知孟森之於清初一切創獲皆本此考，迄至今日而孟之權威依然遺存，可怪也。此無它，人不讀書，更不讀原書耳。 下午去文代表大會，四點許余早退往謁文師，始悉師母于昨夕十點一刻逝世，此則或於我師釋了重負，今後安心著述，生享期頤之福耶。 六點半返家

十七日 日 晴

今日付月來飯錢十一元四角 [redacted]

早起抛地。九點東柏來，十點與東同出。文師來賻四元，余賻五十元，極力贊成之也。 午餐去酒，稀有之事也，而丁娟賻五十元，非節約莫能辦此。 下午花架又稍加工，添竹五支。 抛地 屋北面一長條

十八日 一 晴 發六兄信寄二十元在滬定命百顆因母親甚喜此補品也

昨夜東柏留宿今晨始去 八点返部 看满洲源流考完 夕叙俄文

十九日 二 晴

八点騎車去蘇聯展覽館与永方同參觀捷克工業展覽也 十一点買巧克力糖七包 返家午飯 後同松往鄧宅今出殯也 余与小珊陪文如師坐卧室談 五点余又往鼎家小坐 以此次鼎居處能借五百元以襄喪事也 六点吃飯小飲 七点返校

二十日 三 晴

早起自念满文生字二十个 補寫前數日日記 修改图書標購辦法于十一点半送交宗主任 看满清稗史 是夕赴民進

国際時事組会 王紹鏊 民進副主席 林漢達 教育部副部長 嚴景耀 雷潔瓊 梁純夫等均来参加 九点三刻散 十点半返校

二十一日 四 晴

九点過翁主任来上三樓談一小時 打滿文生字紙片 下午三至五点半部務会議 与潘老同飯 二次訪李有義再訪聞在宥師 七点半返部

二十二日 五 大風

上午繼打滿文生字紙片二百八十八字大都均能記憶 九点半伯平来送我大公報所著亞洲与非洲一文又坐談久之 十点半祁生来取文章去 看崔老所譯日文 夕返家

二十三日 六 晴

八点返部資料組開会楊明提出改進意見葉敬不能容而鄭張仍畏首畏尾不敢發言余則只問是非不問何人結語尚公允

下午二点聽時事報告 四点馮賈米談瓦狄哈字原問題 六点返家

二十四日 日 晴

上午輪值班 余率孩子們謁文如師 十点半即返補花架鐵絲

下午二点入城開民進会只到七人 七点返家 早睡

二十五日 一 風頗冷

八点返部看國風報十冊 下午看東方雜誌五冊 習滿文十

七字　夕教俄文　補寫日記三日

二十六日　二　仍風竟宵大風

上午翻看東方雜誌十數冊找滿清二字之來源也　下午聽孫空國（馬列学院哲学教研室副主任）講從世界觀到工作方法分兩種世界觀兩種歷史觀兩種思想方法兩種工作方法詳細分析娓娓動聽大饜眾心　夕訪潘老及孟吟視孟病也蘇院長亦來存視

二十七日　三　仍風稍小

竟日看滿清稗史竟覺有所獲又看中國近百年史資料選輯

上午十点半見韓主任研究楊明同志調動工作問題迄未能決

晚飯時蘇院長談憲法有調翻日文之意詢及余余亟表贊同云

二十八日 四 晴 風漸息

上午十至十二点憲对所某什解答近乎巧辯 下午二至四点憲又解答 夕訪夏主任久談又及楊明事

二十九日 五 晴

八至十点在馮室談滿清名称問題傅馮金在治及余四人余所提傅不甚了了 十至十二点看稗史对滿清答復起草三四百字頗吃力 夕返家

三十日 六 晴

八至十点自学 早操射余詢家駒遊行帶口号事頗不高興以余為参加遊行也 憲又解答 下午提意見六点始散

五月一日 日 晴

早七点返家 八点送湘应两儿上学 平儿自去 燕儿小恙留家

九点楚雲喜騎車游園 已繞園兩次 猶大哭不已 乃携詣文師 十

点半始返 十二点往送平湘两儿 下午五点半再送应儿

六点許松東歸 柏買一雞烹之以餉 沽酒半兩

二日 一 晴

是日休假 上午未出门 余伏案艸出関於滿清名稱的意見一文

約二千字 午餐小睡 東为修改与之商正 夕秉返去

三日 二 晴

八点返部 写滿清小注十四条 約一千字 下午四至六点半

許大猷來詢八旗制度事繫以相告頗為滿意以去　夕課

四日　三　晴風

八点半至十点聽永占傳達蘇院長報告　十至十二点討論

下午謄清滿清丁文商之伯平頗為稱許謂一針見血面面俱到

再與傅公亦為首肯　夕赴民進会談並非会議甚有啟發

五日　四　晴

八至九点看楊獻珍文件九点憲來談傅亦來　十至十二点第

一室座談余暴露二三年來己之主觀與客觀之不一致　午餐

後訪敵廠　二点將滿清一文交金在治看　夜余勝椿來甚道

余文許以一潔字

20×25＝500

六日　五　晴

金老送余文來提一二意見　余訪夏主任对余文完全支持提一意見　下午為之是正　夕返家　一至五点熊熊院長講（壽祺）

七日　六　晴風未雨

是日社中舉行運動会　上午又是正余文一二處再為謄正

下午作小注十四条　六点始返家去

八日　日　晴風未雨

九点携湘兒謁文師呈余文求正　又訪小珊借近世中國秘史二册清外史一册　下午入城赴民進会　六点往文師取余文曰師素不贊滿清二字因閱余文亦無異辭

九日 一 晴夜雨

是日謄清金文正文二千五百字小注一千五百字合四千字

下午至傅公 省康雍乾间文字之獄 録公債二三四月份二十七萬元

夕七点半至九点半默俄文 補寫日記

以下至十月一日因參加肅反運動而擱筆不及補寫也

20×25=500

一九五五年十月一日陰晴稍凉視昨降低温度十度也
國慶日也早五点醒起盥洗畢家駒來怕我未起耳五点四十分
早点六点十分排隊与伯平同行七点出發大汽車十餘輛詢北
覌也正十一点許始步過天安门我院正在北大之後望見毛主
席極清晰呼声動地至府右街日余即退出但遊行未散不克行
完陰極久不見直至二点始出和平门至開通少息見有日記三
種買之抵永光寺街一号細姑快姐方姐新居也七弟陰良亦來
秉之在坐午餐後稍坐談五点半与秉之先歸
二日陰
偕詠先遊北京動物園即昔之西郊公園也建築雅麗煥然一新

楚之兒不欲丁步全抱之殊憊十二点至清真食堂麵食東主蔭柏請也食殊不佳二点返家 四点杉自城歸 余訪文如師出示所譯滿文前清誥封廣東省花市營（譯音）都司章敏赫之母李氏為太恭人碑：云奉天承運皇帝制曰殊恩旦情恍恂宜勗幼思夫誠事母長即勇於立功派頒宗潢故示施恩廣東省花市營都司章敏赫之母李氏女示七誠是習三遷惟勤不違乎礼早著所績之譽能具懿訓用彰干城之功聿頒鴻恩封示為太恭人錫之誥命嗚呼降諾示範乃覃恩以酬勞章服華福尚克承夫寵錫故諭咸豐元年正月朔日年月兩旁有誥命之宝四字師云此似[redacted]御製[redacted]文不似誥命：：甚俗俚此則極典雅也

20×25＝500

三日 小雨竟日

湘楚兩兒自昨午睡直至今晨六点始醒因遊公園太累故也

是日未出门寫字詠兒嬉戲耳

四日 星期二 晴 仍凉

七点四十分上班八至十点寫兩周春秋戰國提綱 十点研究部大会韓主任豐宣布兩事一則每人作肃反運動收穫總結一則憲度之停職反省也 下午看永樂別录十二至十五年 晚有慶祝新疆維吾尔自治區成立聯歡大会苏院長克勤暨維哈二族代表講話後游藝十项有維、哈、藏、朝、漢各族歌舞頗佳學生表演也 未放電影智取華山維語光既不足途中斷余早還

五日　三　陰涼

早起念滿文半頁，飯後習俄文一頁。不念滿文已兩月，不念俄文近三月矣。上午看完永樂別錄凡二卷，吳廷燮向之所輯。鄭啟媛送來去年公債利息一元六角（四十元）。下午聽蘇聯文化代表團：：費朱拉耶夫講烏茲別克斯坦的經濟與文化的繁榮，不啻為我兄弟民族之前景也。晚訪夏壬任康農，飲我三盅，亦以所譯滿碑示，以此項官樣文章不易由語體文譯出。

六日　四　仍涼，午前雨陰，午後才晴

早習滿俄文。上午八點半起分組談收穫，至下午四點始完。晚看報。看宣統別錄兩卷，亦吳向之輯也。

20×25=500

七日 五 陰涼

早習滿文俄文 上午有宣统別录三四五年 下午有課 是

夕回家杈入城業務学習也

八日 六 晴涼

上午十至十二点有課 下午備課 至家駒室談成都事 六

点回家

九日 日 晴暖

上午東立来 因拆天蓬半日 細姑未来烹雞甚美 平兒未

午飯下午四處覓之未見 晚七点許始返 彼与彭吳雨兒步行

至頤和園前也頗為荒唐 是日一良兄来訪談贈我鑰匙圈 布拉格

十日 一 晴和

上午八至十点有课 下午二至四点有课：汉習满文 夕早就寝 家驿叩门入与之卧谈言论胡风颇也 如到宴有生活即到处有爱情又放轻轻地去轻轻地来拍拍身上的灰尘没有一点疑猜 家驹亦来告明日听讲事

十一日 二 晴和

下午三点往文津街科学院听德意志民主共和国近代史专家约尼布特魏斯讲德国历史科学研究情况有内容而翻译甚坏

上午与孙青同志谈本室人事调整问题 胡、崔、郑或张、

十二日 三 小雨阴

上午科学院送尼布特魏斯原稿来要胡先晋代译也余令郭毅

20×25=500

生為之润色郭本屆人大研究畢業生原北大史学系肄業生習近代史（太平天国）今調本部第二室部分时间作彝藏史研究大部时间将从余教中国史名为余之助手實則余多一研討之人也

晚七点半政治夜校動員会有胡嘉賓宋犀（校長）李志宏（教導主任）三同志講話

余報名蘇共党史課被推為本部第四組組長（班長王萍 副班長孙青）

十三日 四 陰涼風

上午寫滿文碑 付子家駒 下午省所譯德文尚通暢 晚上蘇共党史課李志宏講說明学馬列主义之目的与方法

十四日 五 晴風

上午科学院派人取譯稿去 下午上課 看完宣德別錄十年兩卷

十五日 六 晴和

發薪實領百零九元六角 已扣去公債九元 膳費十二元多 十至十二点上课

下午一点松来同去王府井百貨公司 新建六層大樓 參觀買襪二双糖果食品 又至新華書店買小兒書十の本 再至市場爆肚王吃爆肚喝豆汁而歸 晚与陳雪白張迺華观越劇傳全香飾祝英台范瑞娟飾梁山伯唱作俱佳 十点半散

十六日 日 晴和小風

八点進家 九点往文如師談 十点進細姑小胖来 十二点飯 一点半至城南民進会談甫反僑会 六点半仍回家 七点飯々後細姑小胖入城去 早睡

20×25=500

十七日 一 晴 大風
七点半騎車返部半 十五分鐘順風也 八至十点課 訪宋之
任談郭毅生工作問題 十一点又与郭談 下午二至四点課 二
後回部見馬鶴天 依法逮捕 四点半由韓主任正式宣布馬犯罪
狀 蘇院長作補充說明 此第二名反革命分子也 已捕薩福鐘 王思慶
夜訪吳文藻談 八点半歸 家駒來談
十八日 二 晴和
上午小組座談 彭華庵 安長領会 下午又政治學習小組長会
晚七点半至九点半上課
十九日 三 晴

上午写教学计画　下午政治学习看苏联专家讲稿二十三页

複習筆記一遍　晚至苏联展覧館看印度电影两畝地

二十日　四　大風

是日看钞買明清史料丙編第一本完　前看二十頁　今看八十頁　毅生送教

研備課来专研究也　晚上課

二十一日　五　晴

上午備課　看東華錄綴言至五卷　下午課　晚回家

二十二日　六　晴

九点焕来敬顏来談滿族史料问編者没事余擬作明代的女

真人一題焕極同意　下午又談闻及主任亦以余題甚好但一

20×25＝500

此卷之頁二八八有
蒙元不為古切度
稍欠見解之深
二語王劍英主改
余言不必改師已
改蒙元為元代
下一語改鈔誤曰
益奈亂以余言
而作罷〻實則劍
英受寫序文〻
〻毒也
李根源来訪師
少談即去

个月内必須激卷為書耳就二三十来一去所成又自愿也　写
出秦漢講稿提綱　省明清史料數頁而歸　丙編十本八元明付欵矣
二十三日　日晴
早起　八点許秉立来　余上樓頂拿下烟筒　九点往文師處
商写明代女真人師以加史料二字為妥　為師閲改中華二千
年史遼金遺誤与不合理之處一百餘條凡四卷直至六点半始
畢工　午餐即在師處有肴饌有酒盛適也　本以欵季龍〻〻因事
未来故以欵我矣　歸則運之来為我移植葡萄也　晚蔡詠春
夫婦来告将于本週内遷入東城大方家胡同二十七号
二十四日　一微雨晴

七点半送应楚上学 没有雨意 即赶到部 未大受淋漓也 课没

找先音 毅生来告譯稿六十元處理事 余本不欲取分文 而彼等

以共分為合理 先音得三十元 毅生与余各十五元也 孫青来

少谈 看上週資料目录 下午课没習满文一小时 晚六点

往看印度电影《流浪者》（上下集六角）未晚飯 買蛋糕一塊（三角）食之 歸時又与永白

喫餛飩二碗（六角）

二十五日 二 晴

是日看稿亦有可取之處 上午十一点小組長会 下午四点

宗主任找谈郭毅生事 而云本欲影射我 談甚謙詞也 看完《東

華彙綴言》六卷

20×25=500

二十六日 三 至二十八日 五

數日來看明之衛所材料 日人和田清著明初の滿洲經營 載滿鮮地理歷史研究報告第十四第十五兩冊一文 于地名頗有發明 但觀點甚謬 一則以明統治者立言 一則以女真說話 實則為日人侵略東北找藉口耳 晚返家

二十九日 六 晴 頗冷

八点返部 習滿文 十点課 下午備課 打出清語人名譯漢七葉 凡一百四十字 早歸 訪文如師 以鄧瑞不服領導 分配瀋陽中學 敘 頗為生心 出示雍正親筆楹聯 抱琴看鶴去 枕石待雲歸 一匣 手元畧 雍親王筆四字 係尚未帝也 買之 又贈余徐文琴

祖父母与曾祖父母宣统元年誥封各一軸 合一元五角

三十日 日晴

早起自釘火炉木架一个成 九点往師處談久之 十点許程世本来不見十五六年矣 訪筱山 示我古錢 十二点譚季龍謝興堯来談四川高腔片子頗有古音 午餐頗豐酒後又坐談久之 四点東立偕平梵湘庭訪兜後至北大校園一遊 歸則七弟在座飯後去 東立陰柏留宿

三十一日 一晴

未起柏先去 七点立去 七点半松上班余亦返部 下午課毅生云講歷史能生動未易也

清謚法考 二册 五角

十一月一日 二 陰 無風

早起習滿文識文 作政治學習發言提綱 九点半敬嚴約入城看今西春秋所存滿文老檔 大本五册 小本卅六册 于隆福寺張壽彭處買嘯亭雜錄一部 一元 道光本 再至中國書店 王春華 買國史列傳 二十册 十二元 明李史料零拾 一册 五角 國朝史料零拾 二册 八角 四裔館考 一册 五角 明南京車駕司職掌 一册 四角二 至華華樓吃牛肉蓋澆飯 三角六 一碗 往琉璃廠白圍安 廷智 挑選誥封三件 順治、康熙、道光各一 二元付之 又至商通買清漢對音字式 一册 五角 以上各書均未付錢 三点半返校

二日 三 晴 風

上午備課 敬嚴來 以朱震誥封一件 一元五角 讓余 後以鑲黄牛彔

章京乾六（二十三）至正藍乾七（同治）至正紅乾隆（光緒）至執照三大捲（元）共十全讓余
因全正收集滿文骨董也其中以鑲黃最佳首尾俱全擬于明夏
四月（沒）譯出必係八旗中之好資料也　下午課〻沒政治課堂討
（因星子有大会改于此）
論未点半散　夜習滿文　寫日記睡

三日　四　陰小風又晴

上午鈔討論筆記　張壽彭來付以一元（新民書店）嘯亭雜錄款也　寫書
題四部　下午看和田清文凡二百五十六頁完　吳一飛來問
出外參觀計画書以故宮配合教學故也周口店八達嶺明十三
陵則俟春日作遠足可也　看四夷館考上下卷畢其寫者待攷
上卷末有今上嗣曆之六十一語非隆慶必萬曆無疑矣

20×25＝500

四日 五 風晴冷

上午翻閲前年所鈔明實錄卡片一大匣于明代女真頗有見地惜時間所限不克深入耳 下午國家計畫委員会副主任楊英傑前黑龍江省副主席来校講我國第一个五年計畫的任務和規模歷三時半之久 夜回家 卧看國朝史料零拾第一冊畢 晚夕看完明季史料零拾全冊皆羅家繼祖所刊也

五日 六 仍風冷

八点返部 補發七至十月生活補助十六元九角早校告需款正是時候也 十至十二点課 下午看完卡片發愁如何下筆耳 習滿文二十餘字 買干果丁二角一分 糖二毛而歸 先往

價敬顏二元
誥命一元五
清謚法壹
五毛

文師取回誥命自順治至光緒九朝又一捲共十六元連前所正檔聯五元共二十一元託林付之其中以咸豐十一年十二月慈禧皇太后之父惠徵追封三等承恩公為最有價值

六日 日 晴

上午在家摩娑誥命半日 十一点半往逛訪鬼子運之家 下午 空做外短衣一件 布十尺三元餘 昨買棉褲一件八元三毛也

七日 一 晴和

八至十点课 看國朝史料零拾第二冊畢 下午二至四点课

二 復習滿文 晚七点慶祝十月革命三十八周年紀念大会 賈院長報告短而有力 電影被開墾的处女地 十点寝

20×25=500

八日 二 晴和

早習滿文俄文 寫明代的女真人第一段女真諸部的分布洪武一朝約一千五百字加十二个注不過二千字頗費勁文筆不快故也 晚七至九点上課由王炳煜報前此李志容代課耳

睡前習滿文半葉極疲倦矣

九日 三 晴風

上午整明衛所之在黑龍江吉林至黑省較有眉目 未寫一字

下午自學聯共黨史第一 二兩章 一苗族學生語文系專修科勇耶你來問奴隸社會之進步于原始公社制者何在答之彼苗族婦名代表三代第一字勇即己之名第二字即父名第三字即祖名

晚与永○骑车入城开民进会十一点一刻始归

十日 四 晴

是日查写女真语部分布洪武本段二千五百字尚未完视前大有进矣 上午张寿彭持清文彙補乾隆五十九年刊本第一册来售共八册四元予以三元允于下星四送来 晚与邓懋熙吃涮羊肉底子三毛羊肉每盘四两六毛 白菜粉条每盘五分余吃羊肉六盘菜粉一盘馒头一个 六分 加底子三毛五分 共六毛六分

十一日 五 晴

上午又写五百字小注十九个近一千字 下午课

晚工会开会先由永○传达政务组讨论 吴文藻申请入工会

20×25=500

余首先赞成，唯申请書上用词殊欠当，要删真满族提出批评。为伪政府曰国政府，称王宠惠曰首长是也。知识分子思想情感改造之难如此。

十二日 六 晴

上午正写百余字，苗生勇耶保又来问史。十至十二点课。

午饭看报，汉正欲小睡，而郭纪森开通来送宗人府則例、内務府則例各一部合四元，使點日記二元一函九册也。連前買清語摘钞四册一元，清汉对音字式一册五毛，共負八元五毛矣。

着手写文，苦于地名之考定，摩索半日，卡片铺满一桌，各書雜陈一床，迄未写成一字，而于建州毛怜诸衛之地点，略有所悟，亦足踌躇满志矣。写日记至此，

耀華来談郭毅生问题，余一一告之，欣然而去。五点返家，先往

視文如師病作書過勞故也囑余代編清之制度考試官制田賦（刑法四門）部分，應之，但須至下月才能着手耳

十三日 日晴和

八点始起床飯後即回校 九点偕一二年級及專修科學生百餘人乘車至午門參觀歷史博物館自原始社會迄唐而止 學生問推出午門斬首有其事否 答以明斬人于西四之西清則殺之于菜市口推出午門斬首並無其事也 一点始出余至市場吃鍋貼遇學生鄭俊賢（印尼華僑）必為余付款辭之不可得 下午至民進開小組會 七点十分同耀華毓芬歸至其家飯為余買黃魚等四罐盛一簍（苜蓿）余購苹果二斤貽之 九点返寢

20×25=500

十四日 一 小雨陰

八至十点課〻讀看國史可法傳一卷餘 下午課〻讀毅生送所作太平天国楊韋內訌略論求正稍有序言文筆頗暢也 敬顏來詢南元在今何地問題彼信孟森〻說余所考定在吉林東南亦不同池內宏和田清諸人也 四点半龍蘇州寄報告糧食空其問題龍不甚清 晚寫文近千字而罷

十五日 二 風奇冷

是日寫〻千字略有進步 發薪百三十六元付膳費十一元四毛二分書債十四元一毛二分与敬顏 南欠十元 午食費一元三毛五分 托尹文成兄帶杭八十五元 夕毅生來談頗多与我接近也

上課後鈔出國史列傳六条 又看一卷

十六日 三 晴冷

上午寫千字 十一点開本室会討論糧食宣傳供應办法 下午看斯大林略論黨內意見分歧及列寧做什麽一二章 晚寫文

家駒來告現正依法搜查吳豐培办公室叫余一去作証至劉彭處長立其他二同志翻書以查而吳仍垂腳坐殊不礼皃檢信十一封筆記二本以去

十七日 四 晴冷

上午寫三國兩晉南北朝講授提綱 下午二女生來向書

是日寫二千字字數有加于前而文則殊不稱意也 夕上課

20×25=500

十八日 木 晴和

上午在看和田清明初の滿洲經營一文余所見到处大致彼已道出因皆据明實錄故也而余去臘在檢明實錄矣心殊忐忑

下午課後全院大会萬殿玉主任講文小宣布許燕已依法逮捕及其罪惡活動 楊平毅長發言而加以分析批判受益不淺 晚回家

十九日 六 晴和

八至十点為二年俄語班復習 十至十二点課講完秦漢時代

下午一点半至二点半討論許燕反革命分子 四点半至五点半報告首都交通規則 六点返家飯後携平湘看電影培養勇敢的意志 十一点始畢 殊極美

二十日 日 陰晴

上午立柏来補烟囱帽　看埋葡萄明年自知如何埋法矣

下午往海淀修車燈 一毛五分 買电线一咪 三毛八分 订書釘十个 六分

回家量衣　五点四十分飯　六点半追格为二年藏語班存一年藏語班後留不好傳語班發言普遍人太多故也

二十一日 一 晴和

八至十点 一年级考试 二题「最早居住在中國境内的人数有哪些大概在多少年前他们的生活情形如何」与「什么叫采邑制有些什么特徵它与等级制的関係怎样你能从它说明东周时代的歷史現象嗎」　寫家信一封 滙二十元　託穀生看考卷 九十二分

20×25=500

下午考書出題二道，即「韓趙魏三家分晉發生在哪一年？在中國歷史上有什么重要？以它以後的社會發展又怎樣？」與「你對殷代奴隸社會有些什么認識？」共六十本，仍分發生閱看。看國史初作數卷。

二十二日 二 晴和

上午八点半至十一点在朱煥室談寫論文艱苦，敬殷亦對之人同感之處頗多。下午翻旧稿，亟欲毀之，置而不一顧也。夕課。

二十三日 三 晴和

上午重寫女真諸部之分布，以衛所為界，成在明未設衛所以前的女真人一節，凡八葉，近四千字。明日續寫從明的衛所中看女

真人的居住地一節列此章速成 一氣甚長大發明能自成体系
真又自慚也 下午看列寧做什么二三十頁 夕訪孟吟与潘
老潘老不在家与費入城尚未歸 民進總部送上次对農業合
作化的發言來希一校付印也
二十四日 四 晴和
是日繼寫从明的衛所中看女真人的居住地成吉林方面的海
西女真一段約四千字亦尚滿意總之作文必先有成竹在胸方
能下筆言之成理 一氣呵成不外文篇破碎實屬棄棄耳
二十五日 五 晴雨
十点以前欲寫黑龍江方面的野人女真一段久思無从下筆[illegible]

以批判滿清封建統治者及其民族主義傾向者着眼看出和田
清与鳥居龍藏之錯誤所在寫成四五百字而文筆栩栩有生氣
矣　晚回家冒雨騎車至海淀修床燈一毛五分
二十六日　六　晴和
車胎壞矣推之而行抵海淀修好一毛　直抵部已九点矣而滿頭
大汗為之少憩　送稿二件來余对伊帕尔汗之意見全被採用
午餐遇翁主任談久之　下午又成奴兒干一小段約千五百字
不免獨斷之處也　四点大掃除　五点返家先至文如師家小
坐師以孝昭仁皇后尊謚冊文一冊滿漢均有殊不易得及圓音
正攷亦不易見之書于翻譯滿音甚有用也

二十七日　日　急变冷降低十度

早起柏忙于空量又找不着户口簿　余则陪小孩玩　真可谓爱莫能助矣　八点起身　先乘车至西郊动物园　换二路车至西四丁字街　再换四路车至宣外菜食胡同口下车　然后抵细姑处（永光寺街口）　一号才九点耳　十一点往南通买空陶升鞶耕录（十册一函　十二元）　十二点偕迺秉立蔭良皆来　正午盛馔细姑生日也　三点又至秉立新居（阜外）　家具均能陈于两间屋之内　实出余意料之外　五点返家　柏因燕病未去　又风大故未携小孩去　而平既去多贪食故午夜肚腹痛卒吐呕一床始就寝也

二十八日　一　晴冷

20×25＝500

七点三刻赴部　八至十点上课　二　以張壽彭送清文補彙以三元
購得可謂不貴　抄伊帕爾汗脚本意見二葉　下午又上課
打電話與李子龍未通話　昨約翁主任赴鄧師今夕之約不敢定其
必至也　傅樂煥不在家　伊脚本與穆廣文　與家駒文件二
五点半赴文如師之宴　六十九壽誕也　小山已在坐　繆子受荃孫之子
来王劍英来　吴大（徒文）夫来　姜源清郝某曾从張漢卿及于学忠現从師編書来逢之模
宜長生皆来　十人一席　旨酒佳肴　為之醉飽　小坐談歸
二十九日　二　晴冷
八点自家赴部　寫黑龍江下游之衛所　作發言提綱　下午
繼寫文近二千字　此段尚未數也　夕課

二十日 三 晴和

上午继写一千字 下午列宁所著做什么课堂讨论 夕访永龄乐焕谈八点半回 看国史列传二卷

十二月一日 四 晴和

上午八点半往院長会議室討論明年成立歷史人文系之命名問題，到潘光旦、聞在宥、吴文藻、林耀華、馮家昇、傅樂煥、陳述、羅致平、劉峻、樸、王静如、陳永○、于道泉及余凡十五人，宗主任主持会議。王增田教育行政科 科長 亦到。我部教授只李有義未來，而楊成志沒到。最後沒同意歷史和民族学系，皆大歡喜而散，已十二点矣。

下午仍继寫五六百字。省少數民族語言文字預展，凡十四種，余指出錯處二点：一則錫伯文即滿文，一則蒙文總彙用滿文序奏。

未点家駒陪楊学琛来談温課計画。楊四川大学歷史系本届畢業生，来才十日，女生，徐中舒之学生，从余求質疑也。 夕課

系一年级女生王馥（二年级男生亦有名王馥生）来取复習題去並告以該班同学均满意此课之講授云

二日 五 晴和

上午寫黑龍江方面之訴衛完 下午上课 寫一訴論約一千五百字 本欲寫明代之女真人今只寫完分布一章因欲改名明代女真人之分布 五点半回家

上午張壽彭送乾隆刊三合便覧十一本来索十二元 太贵

三日 六 晴和

八点返校 赴粮食部副部長作關于粮食统購统銷問題之报告 十一点半始散 下午三点楊威志来問滿文字母寫法余因三点半至五点半有课介林清勝余十倍 重看稿約一萬五千字 加注五千字表一萬字總在三萬字以上 庶幾了此脱稿矣 五点半返家

四日　日晴和

起甚晚，較尤晚。一周工作之餘，得此休息也，而詩兒早醒，亦竟不克安眠耳。九點至省稿一遍。十點秉立來，亦以稿爲我一閱，以爲甚不可解之處。午後秉早去視柏目疾，已入協和也。二點半訪文如師，呈稿乞正。師略示明清兩代制度之大意，囑代爲輯稿本，以上萬字了之，于一月内畢之。攜回翁同爵《皇朝兵制考略》（六卷，咸十十一年）一册，及郝某所集田賦材料三本。晚看短劇。

五日　一晴冷

八至十點課。課後召集開，在宥、馮家昇、傅樂煥、陳述、王森在潘光旦室談。姚薇元所著《北朝胡姓考》與《中國民族史論叢》二書，命以

送空椅未看彼再提意見云　下午課龔生找楊學琛同聽余課

二彼又来余室谈一小时　是日識科学院語言研究所李素蘭

令其去伊寧調查錫伯文去但据林清云伊不諳滿文云　是夕

看國史列傳四卷　二十九至三十二　得清文一条極佳

六日　上午奇冷零下五度矣

昨夕始易鴨絨被至舒適也　是日因吸雪茄過多頭顱眩不思

事二　作復三聯書店一信代　看國史列傳八卷　夕課

七日　上仍冷如昨

上午作明代女真衛所表僅及五十衛而止　下午作發言提綱

夕看國史列傳三卷欲罷不能矣

20×25＝500

八日 四 晴冷

上午作表六十份　張壽彭来送我一乾隆八年十牛彔章京執照

殘滿文四書字價六元取走　三合便覽字價九元（以嫌太貴）　下午入城至

東華门内看根治黄河展览　六点回

九日 五 晴冷

昨夜夢鬚皆作灰白色對鏡自顧瞻亦老矣　早起点心後理髮

〃髮多脫落以兩鬢為甚然尚未蒼老也　備課　室外清潔

看五体一卷　下午課　〃後宗犀同志談民主德國　飯後再看

体二卷　八点至輔華開会　〃後回家　昨夕發一年級与專修

科改卷九十六本　改五分者（優）二十八人　四分者（良）四十人　三分者（及格）二

不及格

十一人之分之六人而一優于專

十日六晴冷

八点前追部　作隋唐五代講授提綱　韓主任告民主德國總理格羅提渥即將來校參觀同人應注意之事　十至十二点課

發二年級考卷六十一本考五分者十八人四分者二十九人三分者十四人全班及格此余教書十五年來之破天荒第一次也

下午看新作四卷　備課　作表十　五点托小灶代買羊肉三斤（斤八毛　二元二分）羊肝一斤（斤七毛　七分）牛肉一斤（斤六毛　九分）蝦油四兩木炭六斤搞之以歸明日乃林之兩兒生日也羊肝所以貽詩兒牛肉特為東設東不能吃羊肉故也

20×25=500

十一日 日晴和

九点往謁文如師 贈我桑園讀書記一冊 三联出版 乃師出獄寄居成府桑園讀書之作 多散見天津益世報 閱全作的代 女真人之分布 文訂以飽滿二字 昔張孟劬師舉以品師之文也 十一点松占來 因邀之長生喫涮羊肉 自十二点以迄二点 六人 秉之 六來 才喫四斤 最末過量 点亦飽矣 二点入城開會 六点半始返 飯後又過師談 囑為一校二千年史之明清部分也 擬之以歸 星日補棉鞋 八毛 鞋共三毛 前後跟五毛

十二日 一 晴和 室外冰

上午課 之後 看列傳 二卷 下午課 之後 林清來 還我滿和辭典

下午寫論文的 擬請交我因明清史十冊 排成綜核 暑假 法 材力 人

實不勝其 擬請代為一函 并我擬綱有十之課程 綜述 詳內容 始

畢業之下學期頗煩 王鍾英一叙也 以

敬頌 研安

之謙 七年 即刻

与之久談其有専攻清史之志以林之年才十九歲青年团员錫伯族果明爰政治班毕業設能来研究部假以五年十年習漢文教我满文必有所成係为主任自海南島迺来当為一推薦也

夕校明清史六七十页

十三日 二 晴和

天未曙才五点半闻喧嘩声而醒起而校明史迄夕七点凡四百一十五页粗看一過于观点上多有改正只一字之别而立場迥異師年老矣[redacted]仍不恥下問即中有建白莫不能虚懷納余之言去師何殊天渊哉每々走筆綴詞不失師之風味行自意也当加倍努力以学 中午回家飯送校鑰匙也

20×25＝500

十四日 三 晴和

上午校史完 下午課堂討論 五点送稿至文如師告以以域外經營應段而未及段因其中包括土司標題域外見安 六点半返家飯 松学留 卧讀桑園讀書記二十四頁快文也

十五日 四 晴欲雪未果

七点訪文從文師借蒙古世系図 鈔本賈敬顏託也 復為段上三處 至部八点五分耳 張壽彭取去滿文四書 領薪一百三十六元 并扣五分 交大公報一元二毛五分 訂歷史研究半年三元 又買四五期一元二毛 傳傳達科写獎金推薦办法 作表九十衛 看列傳三卷

十六日 木 晴和
上午韓主任來我課 朝日新聞 昭和十七年十一月廿六七八日 夕課十頁未完
十七日 六 晴和
上午又課二頁 下午松來同入城至百貨大樓買物 六点歸
十八日 日 欲雪未雪
早松去南苑紅星農場參觀 九点專訪兒去合作社購米十斤麵
一袋花生六毛以歸 東來 十点許林清及一童姓女同來 氣象學校學生
六錫伯族 留之午餐尽歡而去 下午小睡起点未事事 六点松歸
七点余返部備課也 又看列傳二卷 家駒來詢國內諸民族
史與姓名

20×25=500

十九日 一雪未白即融

七点半始起，因七点醒而入睡鄉也。課後往家駒处商談名單，伯平、樂煥、陈述及余凡五人。伯平提黄文弼，不去朋友之情，樂煥甚不以為然，而樂煥提鄧廣銘，實出同班之誼，殊為不公。話至舌頭而止，以長閩宏旨言之，令人不快，不如不言也。会中陈述于时人妄加許可，如方壯猷、張鸿翔、姚薇元，又往自抬高身價，卑不足道也。下午課後楊學琛对余講課大加稱讚，自是过，不敢当也。看列传八十卷完，乾嘉人著多钞出卡片不少，而遺漏之处亦當不少。自今日起看滿漢名臣傳（菊花書屋本，亦即此一種本），先畢一卷。夕譯四頁。補寫數日日記。買列寧論民族問題（一元五毛，本今近由部印，与民委所印略有不同）。

二十日 二 晴奇冷〻時也
八点許蜀華陪貴州民族学院研究室副主任曹同志来詢图書
資料是作什么 十点許始完 孫青同志取所譯十餘頁去 又讀
譯三頁付之 下午会收新年晚会茶点費付以五毛 下午樂煥
来談所写滿族人民是怎样生活的一題之主旨 余提一意見
看滿洲名臣傳一卷 夕又看一卷
二十一日 三 仍奇冷
上午作表六十衔 凡逾三百 下午学習辯証唯物主義 四千
發六兄家信一封 寄母二十元 滙費二毛 郵費二毛 夕看名臣傳一卷
鈔来有关材料若干条

20×25=500

二十二日　四　陰
上午看名臣傳　作表至十餘衛　下午仍看名臣傳畢八卷
敬叔送稿來提意見數條並借我乾隆四十三年盛京吉林黑龍
江等處標注戰蹟輿圖後以所著元代女真稿相示厚意可感也
夕課作筆記至不停揮為之疲倦不堪　停電一刻鐘上課以來
第一次也　買恒大一包　六毛五分
二十三日　五　陰
是日看名臣傳三卷得新滿洲一條及有用之材料數條唯在細
心讀書即最常見之書有極有用之史料也預計在舊年前看完
滿洲名臣傳　夕返家　作李室工作近況彙報

二十四日 六冷

八点返部 八点半政治学习组长会 讨论传达于本组 九点至韩主任室开室主任会 布置下星一全国人民代表及政协代表来校视察应注意之点 十点半上课 正午 正午睡 郭汉森述

陶精韬耕龛一函十册 十六元 来取燕京学报六册去 价三十五元 一点半室会 六点半学习 下学室会 三点大扫除 三点半至五点三刻

宗教务长传达毛主席对农业合作化之精神 十七点又去学院长谈民族语文科学会议 六点许回家

二十五日 晴

是日赴南苑红星集体农庄参观 下午返校 休息看书

20X25=500

去紅星附楊學琛見余稿小包為余提之既抵紅星郭毅生買花生以疑余故亦餐分郭一雞子楊一橘子而王輔仁以講通史亦拴在一起遂奪牛肉數片而去 歸附疲矣既上車遇吳一飛讓余坐大有於我不命之感

二十六日 一陰

上課看書 下午仍看書 五點半返家助松竹發言提綱

二十七日 二奇冷

上午看書 改稿尤以分松花江流域方面之海西女真與黑龍江流域方面之野人女真最為適切視吕吉林黑龍江分勝過萬萬矣 四點許祁子圓常世傑先生來請益暢談而去言外之意

伯平講維吾尔史，堆砌史實，不甚满人意也。晚飯时蘇院長既知余攻明清史，询余对錫伯有研究否，余以略知一二对，不知其意果何云也。

二十八日 三 奇冷

八至十点课。课後看書。下午看歷史唯物主義。晚毅生拉余吃公共火锅，每人七毛一分。飯後与王曉義下棋四局。

二十九日 四 奇冷

上午看書。十至十二点课。课後毅生云此两次講课甚集中，学生受益不浅也。下午看書。作注十五个。晚寫魏晋南北朝練習題十八个。毅生来談，大有盼余继講中國史之意。

20×25＝500

二十日 五 奇冷 室外零下七度

上午備課 九至十一点蘇院長召集吳文藻 王靜如 傅樂煥 聞在宥及余談民族問題科學研究規画 而民族語文方面僅馬學良一人來 十二点一刻余邀郭毅生与楊學琛喫羊肉餃子 三人吃七十个才八元四角 下午課 一年級生送余賀年信 有云

在這新年佳節在這幸福的日子裡我們不能不憶起为我們辛勤勞動的老師 晚上我們都去睡覺了 在您的办公室裡仍旧散發着橘黃色的燈光 您緊皺着眉頭想呀想 为我們準備可口的食粮 字字充滿青年熱情 可謂富有理想力矣 晚七至十点研究部晚会 游藝項目甚多 余与王曉義 刘冠英 下圍棋

各一局而散

三十一日 六

自早九点起在行政楼大会议室开规画会由翁主任主席 刘春主任讲话并邀副院长胡嘉寓总务长宗群副教务长均到教授十人副教授五人均出席 先读大纲 下午二点起继续三年计画十二年远景 多不肯谈 其合混其词必先知其欲作何事我设始解所言 余对不自量力即宣布二十年内作满族简史及明代的女真人五年内或七十年内作八旗制度研究 十二年内作满汉词典女真文辞典、及女真史等姑先开一空头支票至此

六年级生亦送贺年信 云我们一致认为您给我们的

20×25=500

印象——德讲书时声音清晰悦耳，内容充沛，富于思想性，教法
先进，事半功倍，速度均衡，恰到好处，且吾岂敢多举！二家个首
秦始皇之统一及少数民族之贡献二点为例，以示有所收获云
六十余党员九人亦有贺信 据郭今山反映因写稿认全模实
可法 六十余团支部亦有贺信 均约晚会 十点半归 七点
饭后与松樗湘应楚燕看电影 又看文化宫而回 秉之来
柏病目颇有进境

回顾一年、

一、在肃反运动中可称积极分子之一

二、能译满文 广州一碑

三、写明代女真人的分布一篇约三万字

四、看书不下二十种

20×25=500

一九五六年元月一日 星期日 冷晴

上午九点许与秉立偕平湘燕楚四儿往谒文如师生谈久之 秉立先返 松携应儿返留应携钰儿先返 师云一二年内应印一二书方不误人 否则白首苦读亦一无所成 何况生活时有退益少有倦怠之感 十二点返家陈宗炳来 小饮 宗炳问唐律 告唐律疏议外可看唐明律合编诸书 下午十时看书

二日 星期一 冷晴

上午十点与松秉携五儿作海滨之游 返在十里以外 在果子市南口遇郑毅生来此买鱼也 午餐沽葡萄酒以饮 而煮桂鱼作肴 可口也 下午看书

三日 二次晴

八点半到西校 备课 看书 下午作注 吴斗培为买历史研究一册六元七角 看林寿晋及郭沫若的一文 夕课

四日 三次大风

八至十点课：：谈看高中历史教学大纲 下午自学党史第五章 小杨自动六元一毛六分上本年自行车捐也 晚七至九点抽查二十级中国史课凡二十二人：：半点钟至九点召集五级班班长坐谈话其了解学生十日作业情况也

五日 四 大风奇冷

上午作注凡百一十八数 敬顾来谈助余于一二年内写完明

20×25=500

代女真人成為一書感情可感也　下午四点半赴一年級廿一
教室温課并看陳家柘古今性極强堅持其六十餘年前因為
大人階級之領導以致陳勝所領導之農民起義卒就失敗之説
可謂嘗在歷史唯物主義觀點余之過也　夕課
六日　晨大風奇冷室外零下十一度或云十二度
昨夕風未少停奇冷余來北京二十餘年所未有也　補填吉林
通志之女真衛所于表中殊不全可删也　下午課　四点半又
為一年級温課　晚七至九点改查一二三十生　一年二十八人 專修科十人　星日上
年級願來談助余作一東北地名辭典願供余卡片又出所為中
國歷史參考地圖請明正　下午伯平來略談受排擠之實驗

二

顯未言明其人意在乎上出入也。

七日　六奇冷，室外零下九度至十度。

八至九点備課。　九至十点塡研究規画表：一、満族簡史（五五至一九五六）；二、明代女真人（五五至五七）；三、八旗制度研究（五六二完成）；四、女真文字典、女真史、満漢辭典，皆十二年内完成。承満文老檔選譯，林請由余自今秋始。

十至十二点課。　下午胡嘉同志報告徵兵意義、宋京龍報告徵兵計画日程。　四点許看下年級及専修科筆記，李九十餘冊。　吳文藻来詢塡寫入民進表格事。　五点半搭車回家。顯多来，立来宿。

八日　日晴冷，風少息。

20×25＝500

九点許熊徵元自城来訪談其成都燕大之事不甚了了余六点去
以有助留午餐二人之加東共酌白乾半斤有菜不多酒亦足矣
校入城視柏目疾　徵元二点許去　余睡至四点許始起
夕臥看桑園讀書記十餘頁而睡
九日　一　晴風
七点二刻返部　八至十点課　十一至十二点看中國歷史参考資
地图讀畢還之滌顏　午飯後騎車去秉立新居取大衣来
二点半胡徵煌来劉毅生楊寶琛来对高中歷史提意見　二点
許往行政二楼討論歷史系民族学系应設課程到熊尊祺副院長
宗犀副教務長及教授凡十五人歷史系除專门化外凡十八门而民
三

族學系凡二十二門分量似太重　夕座談徵兵

十日　二　晴　小風　室外二度

上午省書　下午備課　敬顏伯平來談敬之傅公辦事之才過於治學之者頗有同感　新半又談一系之教研室組織問題

余言中國史教研室附世界史小組之外應設維藏蒙三專史熊院長主多設西南各主任主再設民族關係史凡六室予云規模粗具矣傅則謂中史一人不能教好不知所指之何乃多言此去必不滿于余之一人教通史而則即是失言其實宗之任與余皆言非一人所能勝任而仍以此相詰責可云無的放矢　民族學系之設教研室大致數量　夕課

20×25=500

十一日（三）晴 室外五度

昨夕失眠，思学之未成也。七点半始醒。八至十点课，讲完隋唐五代，二年级无事矣。十点一刻略谈史系之事，刘生言人大历史系、北大以上古、秦汉至南北朝、隋唐至元、明清为四段，学琛言川大大致相同。二人皆厭治近代史，则古代史更无人矣，为之担心。均以余在壮年，尚可教二三十年书，愿教相长，必大有贡献。自思过奬之谈，则余岂敢。然性嗜翻书，且学与年俱增，成就与否，非敢问矣。下午自学，看本年学習第一期。写对高中中国史教学大纲之意见约一千字，综合胡德煌、郭毅生、杨学琛与余四人之意见也。夕看中原游击队。早睡。

四

十二日　四　晴　無風　室外四度

上午八点許伯平來云年年十有二而不能專力治回紇文十二年即六十矣何況其書才學精疑四声之嫁禍此則唯心之論恐又犯神經病矣　語文系送一二年級記分册來屬余記分請為照謄之　十点許找夏主任談以余之明代女真人八旗制度研究為真正滿族人民史甚努力為之但以女真文之字典工作乃不足重余雖以注意文字在探討歷史能想什語言學家也夏亦首肯　下午看書　許好前去一二年日記一厚册稍一展卷尚足溫故知新亦殊不惡　四点許伯平又來小談而去伯平之意以數人之力從事華夷譯語之研究彼攻高昌而提余攻女真也

余言过四十年前流来
保定、蘇文沙攤去
保守者、领導上
無須負責，而以办
歷史系為主要，
即办成就好了。此
則因余昔北大開錢
院办史系、彼之史
系内欲派人来学
且精史者非满族史
满族史之難而甚
有所感之言也。

借諸鑅二元連前二分共三元二分買筆記本一元一分大紫四合六分大花生二毛一大包　飯時蘇院長詢余十二年規画事以滿族簡史明代女真人八旗制度及女真文对蘇以滿族史為不必開課但應以事研究有其專業所見是也。　夕課。　省完滿洲名臣傳四十八卷四十八冊皆乾隆以前之國史列傳與东方學会所刊之國史列傳八十卷詳于乾嘉各不同。

十三日　早晴　室外零下二度。

上午校对學生記分冊一年生五十八人二年生六十人，與修科三十四人。　录之。　省逆臣傳上卷　下午課一年生此期叙點于此。　伯平来小坐即去。　輔仁来索旧稿選之。　早点早返家，即省桑園讀書記。

五

十四日 六 晴 正零度 頗似春天

八点進部 作圖三 明洪武间女真分布略圖、海西女真衛所略圖、野人女真衛所略圖 寫至此伯平来，只好停筆与之談。看逆臣傳下卷完。永盛書坊本 三藩之隸漢軍只尚藩言十五佐領，實則未之及，而吳傳言數十佐領，殊嫌疎略。

下午看貳臣傳兩卷 永盛本 三点半打掃屋子，因書多堆積不堪，去澡清洗也。五点半返家。是日發薪一二五元餘，扣飯費十七元餘，實得一一九元餘。付歷史學會會費二元 一九五五、六兩年 馬恩文選第二卷一元八毛，蘇聯通史兩卷一元五毛六分。還治臻錢，買水果糖二毛。

十五日 日 晴

問李龍閣丈[illegible]
亦言孟森徐中
舒之說

住東四頭條一號
歷史一二所
电話 4.0167

九点許往謁文如師、囑寫一書、從官廳水庫說起及于康雍乾
三朝之感輔水利及于明代及于今元二代或亦今之社會主义
建設當務之所急欲聞知者、願助我材料、務于一年內成之、余欣
然應之、唯觸忌保存之之費用、不復計也。归近十二点、未告校、
告之而未寫、寫之而未印、不称不告也。午睡后、李龍閣入、而換
川戲唱片以贻文師者、為門蹤張為二、方自滬買來甚不貴、一元五毛
費力淘不少矣。二点半陪訪田依堂、淅大旧同事也。三点彼
去、鄧完全印回家、依訴覓沐浴、夜自沐、校捕雀表、看完全集一回讀書記
十六日 一晴
上午看武得傳一卷、傳借今典表、治縣送書來、當好好讀之、

六

六点至八点讲　翦伯赞来谈访日观感娓娓而谈引人哄堂者数次

下午省体　夜读恩克斯家庭私有制及国家的起源两序

十七日　二　竟日欲雪未果

上午省体　伯中送还得二种（汉书艺文志）　又借一种（杜诗表）　省二上午前之明清史笔记十数叶　觉错误百出而敫敫于学之志愿　然惜好学有之深思未也　此今日之所以必须迎头赶上方足补前此之失　正欲午睡　刘辅仁来谈中国古代社会研究　乃介绍绎史与古史辨二书予作门径　蔡咏春夫妇来　因赴潘光旦约特顺道过访也　下午二点傅邀贾与余谈余文提意见　傅以未甚切实用不敢大胆说话也　贾则主详已说余均能然诺之　彭[illegible]来久谈

晚访李文锦与贾在贾家讨论建州与开元路久之

是日看貳臣傳八卷完 貳臣傳之立于國史中始于乾隆之四十一年十二月 付6/6.00 印見貳臣 分甲乙兩部所以別明臣降清從之等第也 如以洪承疇入甲部以錢謙益入乙部其實皆五十百步間耳

得六兄一信知母親康健有六姐伴侍私間有與道和女素蘭蕙蘭家住近三四十里其康强可知 六兄頗有負債欲借十元於我此解放以來第一次開口言錢也不可不有以應之 付十元匯費一元二毛五分

十八日 三 晴有風

自昨夜起看漢名臣傳 上午敏猷來于傳頗不滿謂其外强中乾並古寶物彷徨若失而又放不下架子雖是忿激之言亦不無

七

发之道理在其中余亦陈之打虎儿长编实偏要此　下午四点
彭真作夜校总结报告　晚看内蒙歌舞团表演
十九日　四　晴
上午看件　敬庵来　乐墉来以满族人丁一段相质甚是表面文
章只是要笔棹玩文字而已　当我不能直告之然又不得不说一
二句也可笑　下午伯平来示以余作业看之分一只云殊据起
来了而罷察其意自是不首肯之處　看明清史笔记册一完
二十日　五　小飛雪地方白而日出
上午看件　下午看笔记第二册完亦不甚可取之處　五点半
返家　毅生赠我川柑四枚携以贻诸儿大称可口

二十一日　六　陰昏欲雪

上午十八点到部　看信　又挑出傳稿小錯六七處以歸之皆大歡喜也　下午十二点伯平來云宗主任見面不理睬必有其故余以實不知告　蜀華來久談詢明清之際云貴之一般情況特余白作雍正西南政治始末去　付多六兒家信滙二十四五元　追家

二十二日　日　晴有風

上午在家為許兒講故事書　秉柏同來柏臥病月餘少胖矣

午飯後騎車入城向民進會新人會負顧頡剛程溯洛來顧之發言即見其政治水平後人四五年也　五点半散七点許始到家去時順風回時逆風騎車甚費勁也　飯後秉柏同去

二十三日 一 晴小风
八点由家返部 看休及笔记 下午坐谈高教部十二年规划
历四小时之久 五点返家取被单也
二十四日 二 晴
八点返部 看休 韩主任令译肃亲王府察哈尔牧场常疆一封 闻一九〇〇
宪容即肃王善耆第十九子也 十点耀华叫开会到民进五人
下午译成七百五十字左右 晚七点民主党派会不甚深入
二十五日 三 晴
上午作民族理论发言提纲 敬严来以脚踏实地作学问为是
应省破名利一些 下午讨论会余未发言破题儿第一次也

20×25=500

柏电话约明早送于湘雨兄去拔牙。五点返家。

二十六日 四 晴和

六点起床，七点携于湘至钓鱼台空军医院，已八点半矣。凡三换车，候柏半小时始来，来时车到，未及谈话而别。到校九点二十五分，适遇翁及严及宗驹同入，谈应征科学论文，以维族史料简编及达呼尔专号应之，惟刘亦无异议，达刘傅陈针锋相攻，可笑也。余初一致力于明清之际，而今之科学基础亦在此，故专题无余分，余自不计较，心实不服也。同翁及沈午饭，饭后翁到余室谈。

下午看完《汉名臣传》，凡三十二卷，传中每称乾隆帝为皇上（卷17/186），为今上（卷19/156），是修于乾隆时矣，而记事至乾隆五十年（卷32/41），则成

書必在五十年以後也　夕大会小組会討論購公債本部定額五千元超額完成無疑余擬買一百元

二十七日　五　大風

八点正在省委稿而王豔波同志（韓主任愛人）来告楊明（夏主任愛人）發脾氣說怪話之事實則楊犯原則性之錯誤而不自知余表示應尽对其進行幫助教育之責　与楊談論一小时之久尚不甚了了　思想改造之难如此　找葉美林談　找施聯珠楊自勉談均以其態度惡劣叫人难堪錯處全在楊之一方　向韓報告假以时日韓云此事算了則純不以介意充分露其豁達大度而余尤有責矣　下午看明清史筆記三冊全完以最末一冊為最潦草

20×25＝500

是夕看新疆歌舞

二十八日 六 晴

八点理发 看贾桥 看陈述関於達呼尔的来源一文如此說

据說据大可廢矣 下午听农業合作化報告 与冯公談達哈

熟應即達哈爾 Dahalji 之 而傅文于前一字未注出罗馬拼音但

于後一字則標以 Dahalabumbi 真是笑話之至 犹之蠡小山

于蠡指摩下注以騙牛不知 ge 之为記也 見金史 10/16 夕看梅蘭

芳霸王别姬唱作俱佳看不出年逾花甲也

二十九日 日 晴

七点半返家 九点东柏来 十点訪文公師談两小时云此說

人有問於我者仍应告之尤以对付加倍客气此真阅历之言也

十二点饭后陪柏入城至王府井鼎新澡堂　七点半始返家

三十日　一　晴

八点许返部　九点开会讨论应征科学奖金论文费、翁、夏、苏付、

陈、静均发言余发言首則盛誇付文之佳尤以政治性政策性强

文章亦好而吹毛求疵者三四事康德十年作一五七九係五七七之误

此其一肯定达呼尔即契丹之大贺氏出于辽史语解结论太早

此其二谓达呼尔只有语言无文字不知道光年间已有达呼尔

字典此其三达呼尔出于达哈勒即达哈尔为不误注以 Dahal-

labombi 而不知 Dahaldi 此其四最后余亦声明此种小漏洞

20×25＝500

固云同憲之是我于何公之学術專家之尊嚴性不容影響之處
会上夏印声明余之言為是 下午林立以余言为重要唯于余
發言时態度緊張容易引起人誤会忠告之言不可不听 の点
半傳来我定大有道歉之意唯又云印憲之貢献亦不可没 余
答之云学问之事誇不下海口应从 工作出發对于方法論与社
会主義之集体主義可以討論 未及谈完因施聯珠来而去
与朱寰谈 晚飯後訪孫鉞孫鉞承認説过夏鼐元之事如施
皆听之于崔莉堂崔忘听自何人也 訪雪谈 向韓儒報

三十一日 二 晴

八点崔尹同来言听之于郭超我也继而施立来云郭听楊明打

电話之能也　向韓棠報命与夏楊一談　往付公室略亦吹毛求疵得罪于彼之意而付之希望得不到奬金得了更麻煩是以有人在眼紅喫醋也余則之實到名歸不得安妨得之豈不更好余之實到名歸無實不到而坐享其名是純盜虛声也俄而出滿官漢譯之對音非噶布什賀、郭吃喝巴雅喇胡亂瞎猜、自以為是、当檢辭典亦之之、而跟王爺大巴雅喇一詞中以王爺大三字為猜諳壯大是並漢文亦不甚了之余只好含混答之又問蘇拉如餘丁之別以後拜唐阿直佐領中之地位、余仍含混答之、李能一二語可了、何敢妄言、細揣其問、非真問也、在探余肯告之與否耳、下午多談知識分子問題　小組略漫談、

20×25=500

二月一日 三 晴

八点许宾送女真文研究日文草作本来坐谈久之宾云作学问分两路一时赫赫一时一时黯然无光而以何为应付之作初以为同路人今始知非同路人也余正告之云此言差矣解放前诚然如此而今只有一路可走即名实相符之学唯不相符者乃昔之残余非今日之主要方面也 十一点复又谈并自检查

下午学习文件 郭沫若用曾子吾日三省吾身之三件三件事解说也 郭作司马迁生年考于既明且哲能保其身一语解之亦误

二日 四 晴

上午看书 下午小组座谈杨成志正组长 余为副组长

三日 半晴

上午看書 下午一点半座談 五点彙報 七点半始散 至耀華家飯少坐談 是日敬顏借我女真譯語阿波本一冊

四日 六晴

上午八点小組談 九点至大礼堂聽行政各單位彙報 下午一点半至六点許本部彙報 聞馮發言誠懇 實在何提解除副主任職是声稱不是以个人主義出發而本質上仍是个人主義也 最後蘇院長講話全面而具体 十分感動人 鼓掌者十數分鐘之久 七点抵家 松臥病

五日 日晴

20×25=500

上午陪小儿玩猜谜语　十点秉柏来　十二点吃文渊饼外侄
陈宗炳来　一点许入城开民进会　冯华谈话甚打动人表示
决心于一九六二内争取入党　余亦起而和之　七点半返
六日　一晴　小风
上午八点半到部　九点继六下之会　本来余之发言因张嘉言不
发言　杨成志、张嘉言、夏主任皆表余发言、称白发言很好　颇有诗
意　余则提三点　一则党能领导业务　以苏院长为例　二则团结问题应从
社会主义高潮着眼　三则政治水平及政治觉悟说明进步思想
过程　最后表示一克服个人打算　二努力争取入党　三无条件服
从组织分配工作　今后由工作中锻炼事实证明也　继则赵华

亦公開表示爭取入党　吴文藻發言亦短練　李毅夫表示決心爭取入党　朱寧亦同　宋主任自我檢查甚深入　家駒表示決心改進工作　直到六点半始散　到伯平家小坐反映好

費言余發言仍有个人成分　郭毅生則以余勇氣仍不太够　楊少環与余握手自以余之發言為滿意也　上午發薪　寄老家二十五元

自今日起休假十四日擬于本点許返家

二月二十日 一 晴

是日開學寒假十四日已過在寒假十四日中習女真文略能諷誦丁樂也 昨日往細姑處拜年並進廠甸買書數種又買得滿清制錢十三枚加敬顏所貽天命錢而十有四矣又一樂也

八點進校 樂煥即來言此年未去北大果不出所料 伯平點來坐談 敬顏來見余購蒙文語類課抄本八冊 四元 以蒙文彙書校之即一書也遂以讓之 下午上課自宋遼金元始二班合成一班首言四小時而專修科不復來聽講矣 晚訪樹華又訪敬顏 貽我內宮腰牌一枚查出係蒼震門之物也

二十一日 二 晴和

八点半同费院长、耀华乃杨成志往北京饭店参加考古工作会议。上午郭（沫若）院长致开幕词，郑副部长（振铎）作工作报告。会毕与耀华至翁宅小坐卧。二点半又开会，有翦（伯赞）、贾、杨钟健发言。

六点返。七至九点课。

二十二日　三　晴

伯平借我葛鲁《女真语言文字考》。程溯洛借我《史学集刊》第三集，看王静如《宴台碑初释》，抄自伯希和所讲无疑。以不谙女真文（动词），如杜里卜连为中字，又如木式口黑为成字，具语尾变化之卜连与口黑均一字，未提。不谙满文，如嫩斡口朵为内宫或内殿，而误分嫩斡口为殿，朵为内，不知满文内为[满文]，而竟将朵罗作[满文]，皆满语也，可诧也。

下午看清宫史略完。　晚访楚楚老，读耿杰亦在。　家华来谈文之

是日得北大史系四年生王傳陽二十一齋三〇七室一信欲從余問清史与少數民族歷史文字頗通順筆法甚工整可造之才也唯余去實學不足償其素願耳

二十三日 四 晴

習俄文半小時尚不生疏宜再加一把油也 習女真字滿文備課 下午打滿文卡片 看書 夕課

二十四日 五 大雪霽

昨宵大雪晨興猶不止正午始霽 看顯福成燕堂碑考 國學季刊1/4

晨于女真文不甚精通尚未說外行話進士之進純從漢字士之進想以兀速忌讀為進士本于羅珠不知兀速洪生之兀速係与

洪連圖有連音但兀連圖之兀連係与圖相接應讀作兀朱圖即
滿文 [满文]隨或進字之意也此外二人于碑之第一字開口便
錯原非 以女真文專家自居豈不太早乎 下午開会籌備科學
討論会為六月十一日校慶也何公提余作滿族入關以前之社
会性质問題費多和之余亦固辭 五点半回家
二十九日 六 仍大雪
八点二十分返部 寫日記 作函王仲陽約三月四日一談也
片云有問題一同原難一同學習此外為第十条願意之事至于
過分之期許不敢當也 本室会定以後每半月一次 午飯後
余勝楷来王輔仁来 二点半会 三点半掃除 五点半回

晨起亦大便半日不舒適直至午後如廁始一快也記之一笑
二十六日 日雪止霽晴
上午小風借埋葡萄土堆堆雪人一个應兒持二煤球來作眼睛
兒持紅蘿卜作鼻子兒剪紅紙條作嘴彷彿似之諸兒皆大喜也
九至十一點訪文師讀一商論文題也貽我祭祀條例一夾于歸
途中看一過 立柏均來吃餃子 下午看女真文
二十七日一 昨夕大雪晨起大風
放假早起後為諸兒作一雪人仍一樂也不啻重溫兒時舊夢矣
八點十分返校備課 十一點半訪在宥師讀女真文知緬甸文
[illegible]可作[illegible]讀狄則月之讀為也阿与偏同不足奇也讀之甚暢

下午一至三半課：課室會討選女積極分子葉、孟、鄭三人久而不決　六点至夏宅飯定下題目矣　七至九点至韓主任宅談并正式表示請求入黨之願望暑假後始能着手也

二十八日　二　大風

上午習俄、滿、女真文　十至十二点再評選張常蘭當選　下午孫青召集復審會結果黃淑娉、朱燕紅、嚴蘅而王良誌為鄭力爭公耶私耶　七点課

二十九日　二　晴微風不復寒矣

八点半付公找余及賈談只為自己打算余以理爭之或傷體面旺不欲印女真分布而借余詞余敬謝之此人太小也　午至馮

20×25＝500

宅飯過闓生之油画家談之湘山水久之　下午省恩来四五十

支　晚胡先晉找余談告鄭以占便宜三字侮辱了她可笑

20×25=500

三月一日　四　晴

早起習滿女真文　與鄭啟媛談笑至二小時之久　素貞告之曰即使汝入黨矣而同室之人蔑視如故則汝能作黨之光榮之事也　又與張景蘭談　付公來一以表示道歉一以要女真之文布付印而以材多旧不為保證　余一一應之　午飯後訪賀公談　下午寫稿應報刊也　夜訪永白

二日　五　大雪

課中講岳飛之所以為民族英雄　課後楊學琛告其解決問題也

道宏慶來催稿　下午始寫完約二千字交之　看歷史研究陳述哈喇契丹說　此說頗證之之可靡　又看兩漢社會性質一文

三日 六 晴 雪未化尽

八点许杨明来谈一小时 看耿杰吾郑成功为民族英雄稿子还付公 十至十二点室会讨论资料合订本问题 余之综合分析差强人意 下午看贾公稿完 以付公告可印也 请課

四日 日 小飛雪

上午在家候王仲阳不至未知何故 下午入城开会

五日 一 又雪即止

八点到校 看顾圃从升叙条 備課 下午課后学課云对成吉思汗的看法运用馬列主義很好 習满文八十餘字 晚访吴先生催填入民进表也 殷生来索禁开礦史料 看叙条完

20×25=500

六日　二　小雪　晴

早飯完　檢出书余　康一　雍二　乾二　毅生來取之　填功課進度表

習女真及論文　改分布引言　下午改全文略有增減　看[illegible]

圖讀論　晚課

七日　三　晴

上午改稿　下午仍改稿　晚訪在宥師談女真文之少數

八日　四　晴

上午改稿　校刊刊出全体学習周總理報告后的滴滴点点体会

下午一至三時松翠平瀾燕應四兒來　三点半討論郭毅生定級事余之發言頗被重視　夕看电影晴雯姑娘

九日 五 晴

是日仍改稿 晚返家 稿改完 吴丰培送刘厚滋女真文文

十日 六 欲雪 颇寒

女真分布本欲作三图 可并作一图 下午杨来取一百元去买一英国女車也 晚小回看电影天仙配

十一日 日 晴和

早起习女真文 看唐长孺鲜卑族的漢化過程 历史教学 八点半敬厳来 同骑車入城至翁宅 翁尚未起 与之谈 起而继谈之 至十二点半 乃与彝至琉璃厂东头庆云堂买燕台碑拓本一张六角 而归 顷之于伟阳大名人来与之谈二小时 甚悦而去

20×25=500

夕訪涂炳立（中官园二十五号 印尼華僑講師）為松買英車也價二百六十元（本二百八十元）約好明早八点來取車

十二日 一 晴

七点半赴涂文穎 与松同至文師處 小生師有病態殊無精神 今繆心卿鈔建州聞見錄見貽 至寶也 求之八年不得今竟得之 直足為考究滿族入關前社會性質之上等材料也 八点取車 百分之九九新 外附外胎一付 可謂奇廉矣 八点半到校

下午課 首尚鉞講義中之滿族社會性質為家長奴役制也

夕訪乐焕 訪伯平

十三日 二 晴

早習女真俄文　看何思敬讀家庭私有制和國家的起源　教學與研
1955/11 究　九至十二点會討論科學討論之事　午至伯平吃餃子
下午看恩等　二点半至與輔仁談一小时　夕習滿文
十四日　三　晴
上午看馬長壽論匈奴部落國家的奴隸制　歷史研究 一九五四/5　看侍衛
瑣言完　下午看前資本主義諸形態奴隸制度　看侍衛瑣言
補完　是日習女真俄文　毅生來送反杜林論來並留下校樣
中之全文送來附貼于此

學習周總理報告後的點滴體會

研究部　王鍾翰

此次在研究部展開深入學習周總理關於知識分子問題的報告以後，使每一位同志在政治上和思想上都大大提高了一步，尤其對解放六七年以來在全國範圍以內的知識分子的估價問題獲得了一致的正確的認識。因而在廣大的知識分子中，掀起了前所未有的熱烈要求爭取做紅色專家，在十二年內向世界先進科學水平看齊的高潮。

從一個舊知識分子出身的我，回顧一下自己是十分必要的。現在根據個人不成熟的點滴體會來談一下，提供大家批評與指正。

一、黨員領導同志能具體領導科學研究工作嗎？回答當然是肯定的。可是過去在很長一段時間內，我一直認爲黨員同志可以把政治工作和組織工作做得非常好，但具體結合到研究部的工作時，竟錯誤地認爲他們是不能領導科學研究工作的。端正這種錯誤認識只是最近一年多的事：去年研究部討論某某民族識別時，蘇克勤副院長對問題的提出和看法，作了馬列主義辯證的分析；又如另一次會上，蘇副院長對某某民族史的研究，指出了正確的研究方向和研究方法。此類的例子很多，不必列舉。其實，從一九四九年建國以來，黨一向就在領導科學研究工作，本來這些都是彰明昭著衆所周知的事實，只是我在最近期間才把錯誤認識糾正過來罷了。當然，在某些具體研究工作中的一些屬於技術性的東西，不可能要求黨員領導同志都能一一知道，知道當然更好，不知道也是無妨的。

二、關於知識分子的團結問題。一般說來，在黨和政府的正確領導之下，是沒有什麽大問題的，但問題仍然是有一些的，「文人相輕」「文章只有自己的好」的習氣根深蒂固，要把它扭轉過來甚至連根拔掉還得有一些時間，而問題的解決，必須先從打通思想做起，最好的辦法卽是經常想到解放了以後的新中國，各方面都是朝氣勃勃地在建設在發展，祖國的需要和號召是在日益增長和迫切，偉大的十二年規劃遠景多麽緊密地聯系着每一個人，因而每一個人在考慮如何把整個精力和生命投進來時，再回頭來看看自己周圍朝夕共處的工作同志，有什麽不可以合作的呢？還鬧什麽閒氣呢？爭一些什麽無原則的糾紛呢？到此時捫心自問：爲個人名利計較一切呢？還是從工作出發鼓舞和推動全體同志的積極性和創造性，爲祖國多作出些成績來呢？當然，團結這個問題是雙方面的，只有一方面，問題就根本不存在。但也應指出：團結是有原則的，必須在進步戰勝落後的鬥爭上求得團結才是眞正的團結。

三、理論水平與思想水平趕不上實際的要求問題。不可否認，幾年來在黨與羣衆的教育和帮助下，我個人在思想上、政治上、理論上都有了一定程度的進步，這是肯定的，也是主要的一面。同時也不可否認，由於在舊社會裏長期受了資產階級的甚至封建的教育的影響，解放以來加上個人主觀努力不夠，進步的速度遠遠落後於實際工作的要求。例如，在滿族史中關於明末清初一段的編寫上，只是一些材料的平舖和堆集，結果從中只見個別英雄人物而看不見廣大人民，儘管表面上多用些滿族人民的字眼，從中只見各族間的戰爭，看不見各族人民相互之間的文化交流和經濟往來，儘管表面上也有一些「婚聘」和「互市」的名詞等等，至於在明末清初這段期間滿族的社會性質問題怎樣，反而是避而不談。再如具體到對一個歷史人物的分析批判或對某一次戰爭性質的分析估價時，不是犯大漢族主義的傾向就是犯狹隘民族主義的傾向，常常抓不住問題的中心事物本質的東西，支離破碎的似是而非的片面而主觀的推斷，頂多套上一些馬列主義的詞句，實質上全是違反馬列主義的。這充分說明今後應加強理論學習，才不致永遠處在落後於實際工作要求的狀態。

思想改造固然是從一九五一年秋已經開始，但個人思想上的某些問題却是逐步以至最近才得到徹底解決。例如「階級覺悟」這一點，是在去夏肅反運動從實踐中提高到理性認識的。又如「一邊倒」問題，是最近看見了在全國農村和城市里掀起的社會主義高潮這一系列的偉大的具體事實以後，才眞正體會到毛主席在一九四九年所指示的「一邊倒」這一光明大道的正確性與必要性。

根據我個人學習周總理報告以後的初步認識，爲了響應黨和政府的號召，爭取在七年，最遲在十二年內，做一個光榮稱號的紅色知識分子——共產黨員。因此，提出下面三點保證：第一，無條件的服從組織分配工作；第二，努力學習理論，認眞鑽研業務；第三，從批評與自我批評的實踐中改造自己，將自己鍛鍊成爲一個先進的無產階級戰士。

《歷史研究》一九五四年　學習周總理報告後的點滴體會　研究部　王鍾翰

此次在研究部展開深入學習周總理關於知識分子問題的報告以後，使每一位同志在政治上和思想上都大大提高了一步，尤其對解放六七年以來在全國範圍以內的知識分子的估價問題獲得了一致的正確的認識。因而在廣大的知識分子中，掀起了前所未有的熱烈要求爭取做紅色專家，在十二年內向世界先進科學水平看齊的高潮。

從一個舊知識分子出身的我，回顧一下自己是十分必要的。現在根據個人不成熟的點滴體會來談一下，提供大家批評與指正。

一、黨員領導同志能具體領導科學研究工作嗎？回答當然是肯定的。可是過去在很長一段時間內，我一直認爲黨員同志可以把政治工作和組織工作做得非常好，但具體結合到研究部的工作時，竟錯誤地認爲他們是不能領導科學研究工作的。端正這種錯誤認識只是最近一年多的事：去年研究部討論某某民族識別時，蘇克勤副院長對問題的提出和看法，作了馬列主義辯證的分析；又如另一次會上，蘇副院長對某某民族史的研究，指出了正確的研究方向和研究方法。此類的例子很多，不必列舉。其實，從一九四九年建國以來，黨一向就在領導科學研究工作，本來這些都是彰明昭著衆所周知的事實，只是我在最近期間才把錯誤認識糾正過來罷了。當然，在某些具體研究工作中的一些屬於技術性的東西，不可能要求黨員領導同志都能一一知道，知道當然更好，不知道也是無妨的。

二、關於知識分子的團結問題。一般說來，在黨和政府的正確領導之下，是沒有什麽大問題的，但問題仍然是有一些的，『文人相輕』『文章只有自己的好』的習氣根深蒂固，要把它扭轉過來甚至連根拔掉還得有一些時間，而問題的解決，必須先從打通思想做起，最好的辦法即是經常想到解放了以後的新中國，各方面都是朝氣勃勃地在建設在發展，祖國的需要和號召是在日益增長和迫切，偉大的十二年規劃遠景多麼緊密地聯系着每一個人，因而每一個人在考慮如何把整個精力和生命投進來時，再回頭來看在自己周圍朝夕共處的工作同志，有什麼不可以合作的呢？還鬧什麼閒氣呢？爭一些什麼無原則的糾紛呢？到此時捫心自問：爲個人名利計較一切呢？還是從工作出發鼓舞和推動全體同志的積極性和創造性，爲祖國多作出些成績來呢？當然，團結這個問題是雙方面的，只有一方面，問題就根本不存在。但也應指出：團結是有原則的，必須在進步戰勝落後的鬥爭上求得團結才是真正的團結。

三、理論水平與思想水平趕不上實際的要求問題。不可否認，幾年來在黨與群衆的教育和幫助下，我個人在思想上、政治上、理論上都有了一定程度的進步，這是肯定的，也是主要的一面。同時也不可否認，由於在舊社會裏長期受了資產階級的甚至封建的教育的影響，解放以來加上個人主觀努力不夠，進步的速度遠遠落後於實際工作的要求。例如，在滿族史中關於明末清初一段的編寫上，只是一些材料的平鋪和堆集，結果從中只見個別英雄人物而看不見廣大人民，盡管表面上多用些滿族人民的字眼，從中只見各族間的戰爭，看不見各族人民相互之間的文化交流和經濟往來，儘管表面上也有一些『婚聘』和『互市』的名詞等等，至於在明末清初這段期間滿族的社會性質問題怎樣，反而是避而不談。再如具體到對一個歷史人物的分析批判或對某一次戰爭性質的分析估價時，不是犯大漢族主義的傾向就是犯狹隘民族主義的傾向，常常抓不住問題的中心事物本質的東西，支離破碎的似是而非的片面而主觀的推斷，頂多套上一些馬列主義的。這充分說明今後應加強理論學習，才不致永遠處在落後於實際工作要求的狀態。

思想改造固然是從一九五一年秋已經開始，但個人思想上的某些問題却是逐步以至最近才得到徹底解決。例如『階級覺悟』這一點，是在去夏肅反運動從實踐中提高到理性認識的。又如『一邊倒』問題，是最近看見了在全國農村和城市里掀起的社會主義高潮這一系列的偉大的具體事實以後，才真正體會到毛主席在一九四九年所指示的「一邊倒」這一光明大道的正確性與必要性。

根據我個人學習周總理報告以後的初步認識，爲了響應黨和政府的號召，爭取在七年，最遲在十二年內，做一個光榮稱號的紅色知識分子粟共産黨員。因此，提出下面三點保證：第一，無條件的服從組織分配工作；第二，努力學習理論，認真鑽研業務；第三，從批評與自我批評的實踐中改造自己，將自己鍛鍊成爲一個先進的無産階級戰士。

十五日 四 晴 下午小雨

上午張壽彭送清文彙書 三元五毛 与房兆楹清初滿洲家庭中的分家子和未分家子單行本 六毛 來均可留而房冊六毛直于敲人矣 發薪一二七元 交兩月工会費二元七毛 首曾見所反完

十六日 五 陰 頗寒

上午課 省寄楮備読 下午敬歆吉張壽彭送清文鑑 三元 与滿漢成語對待 四元 來 後一書面花邊印極精價亦廉而清文鑑僅本四冊 另係雍正十二年板 字甚模糊 然不多見 亦似可留也 付公來 郭楊來討論対人民教育出版社提意見 于新回家 家松九十元

十七日六 陰寒春寒也

八点半進松 始知家駒昨夕也 約往費院長家座談也 詢之
付公器患梗塞 看燦松向談 十至十二点寫公 下午看向談
完 四至六点清潔 付家信三封 呈母二十元 柏来

十八日日 晴小風涼

早起与松率兒往立柏家為之搬家也 寶則從三層公寓中不
連帶之兩間移至郝居連帶之兩間耳 家積米小叙 下午余赴
民進会 我部成小組 余被推為小組長 辭之不得也 七点返家

十九日一 陰仍春寒也

八点返部 張維年来 有清文總彙八元 尚可留 付以八元了滿汉

成語對待（五元）清文鑑（三元）之價也 又清初分家子件成二角買之

備課 看括設 下午課 看括設至夕始畢 此書成于道光丙午

二十六年 因末葉有是年閏五月一語可証 而實見所及（葉十五）有今

上登極於今二十五年矣一句 則實先成于道光二十五年矣疑

二十日 二 晴

上午九点至院長會議室討論十二年遠景規划 下午在潘宅談

二十一日 三 晴

上午分小組讀滿蒙文之人 付賈 與余 下午又在潘宅談 七点費留飯

飯後品論我部人才 費尚深入 于陳付之評語極中肯 付外

一回家之外寫作吃力二字 八点往東交新居小飲 喝咖啡 姗家 積來

二十二日 四 陰寒

數日來會晤多，仍未暇看書 王公封号謚法讀考 均看完

晨起習女真俄文 今八点始自東之安歸 看完南懷仁之滿洲

旅行記

二十三日 五 晴

八点課 十点伯平來談久之 十一点半付來 上午完矣 可作休息

下午二点半 翁來各会 四点全部会 韓主任昇名争取留学

返國 薛副總務長報告 調整住宅 關、楊、陳、王 來本人 六点返家

二十四日 六 陰涼

八点半始返校 應之叫開也 看遠景規劃 科学院

五点与毅生往訪其家，見其愛人所居農家只一间房，敝旧坑占一半，煤球炉、楼子、烟筒，作飯殊属新式。　六点回家

二十五日　日　晴和

九点許敬顔来同訪文如師，談一时半。近十二点邀敬顔飯。一点許与松騎車往農展館看梅蘭芳的藝術生活上集、東楼平原去。四点归。晚七点余獨看董存瑞电影

二十六日　一　微雪　十二度

八点返部備課。伯平来取余印論文集，似太早。商之敬顔以修改題目改土歸流始末為妥。下午课及滿族入関前之社会甚為简括。四点許与永文赴民進会。晚十点返

二四七

二十七日 二 阴冷
上午八点许蜀华来问明夜田之制 看农村公社情做 下午韩主任找永口蜀华鹏化及余谈刘之问题 此际所任务一星期完成
二十八日 三 阴
上午讨论科学规划 下午二至四时看列宁生平事业史第九章至六时林、陈、宋、王来余室谈 晚八至十时家骅来谈
二十九日 四 阴晴
是日整日讨论科学规划 晚看列文三篇确有问题
三十日 五 晴
上午课讲至雅片战争古代史至此为止 十至十二时又会科学规划

下午二至四時曾驥、安俊、林清（皆伯韓偕）敬馥來談薛桂春等件

安俊頗有見地，人亦爽朗，可造之才也。晚為學生補課

三十一日 六 微雪

八至八點半補寫日記 穀生來告學琛今日婚，又合買反杜

林論及經驗批判論贈之，托穀生帶去 八點半至十點宴會

十至十二時為學生補課，另一班也

四月一日 日 晴小雨雪

上午走訪文師，師為李某這分批評骨董瑣記而發愁，老人多慮亦常情也。師囑付論文集，余于上星二已寫片告之聯編輯部朱南銑君，但尚未獲回音耳。

二日 一 晴

八點進部。院辦公室姚學讓同志告港澳工商界婦女觀光國團團長李惠英（香港名醫馬錦臣之夫人，香港松濤公司經理）欲來訪余，因伊曾從余學也，日期待定。下午見翁之，鄭瑞之來，允為設法。夕七點訪蜀華。八點在林宅民進小組第一次會，尚澤入（述錦生送子澤 札一九三二年）。

三日 二 晴

上午写出对锡伯族近代历史意见七八百字 交夏主任 午睡方醒 翁主任来谈 下学期告领导有意叫我担任中国史教研室主任 余惧不克胜任裕如耳 而翁于能任系主任 自是一大快事 夕课

四日 三 晴

上午写清史杂著目录凡十一篇 一、满洲入关前社会性质的商榷 二、达呼尔出于索伦部新证 三、清世宗夺嫡考实 四、胤禵西征纪实 五、雍正改土归流始末 六、清律纂修考 七、清三通之研究 八、记明于书四库全书简明目录辨伪 九、清史稿纂修之经过 十、关于军机处的一些资料 十一、关于总理各国通商事务衙门的一些资料 共约二十二万字 如被接受出版当详加整理修改 亦是求得进步之一法 下午课堂讨论 六点返家

五日 四 晴

上午訪文師談十一时回 下午赴校值班 余率湘庶燕三兒往海淀買書五一本 弍元三角 又買牛肉二斤 二元七分

六日 五 晴陰 清明

上午在家看渡邊薰太郎女真館來文通解第一編 下午赴校偕湘庶燕楚四兒來部值班 五點半飯 六至八时看电影 怒海輕騎 八點半返家 柏樓平歸 是日種柳二株

七日 六 晴

整日挖地砌圍拋出葡萄 忙極矣 背亦疼矣 得文師信 夕與松柏平兒看京劇 羣英會全本

八日 日 晴和

上午八点许全家往游颐和园 乘五点车返 遇王某 二十五年中彩 贵季馆往

休竟日游 下午四点许返家 往访文师 夕观电影

九日 一 晴

八点上班矣 看周藤吉之清朝の入関前に於ける旗地の發展過程 东方学报 材料颇多 夕访敬颜谈 务冒女真文

十日 二 晴

上午抄出和田清鸳渊一柴三九男户田茂喜等关于满族入关前社会性质之见解 下午港澳工商界妇女代表团来院参观 余往陪团长李惠英特约也 见其爱人马禄臣 谈颇洽

从是日起仍習俄满文 尚不生疎 虽一暴十寒 未廢前功 足謝

十一日 三 晴 小風

上午学琛来談 近三小时 于伊頗有启發 高興而去 东壁来詢李年稿之字数 為我寫三万字左右 对付文摘意見两点

下午从东方学報仍从周藤吉之所著中抄出有関材料 不下四五十張 四点許孫钺来談 為中國史教研室之事也 意在問清或隋唐五代或秦汉 而以隋唐五代較[illegible]有把握云 夕訪何公 亦乃久談 睡时翻文献丛编数十本

十二日 四 晴

上午仍鈔材料 孫青的詢馬叙八人对講師之意見 楊成志有

意見而不肯說出嘴細（今念別細）人也實則私念太深之過（意乃葉下故）

午仍鈔材料 六点返家

十三日 晴

八点返部 張奇龍送汇来彙編選刊一本（一本完）清建國別記一本（元の毛）

来 九至十二点部務会議 簡翦翁未到 余提英、余、賈、施、黄、等人頗为眾所同意 又有十二人八人之議 下午看書 別記 又訪孟

吟輝華 參加小組会 睡时又翻史料旬刊二十九年 是日發薪

十四日 大風 天色昏黄

上午作引言一千字甚不满意 下午看馬恩論中國（二十六页）及奴隸

制之兩个階段与六个时期（歷史教学 1953/7） 補写日記自十一至今日 写家信

十五日 日 晴

早起松乘五兒往柏家送之中官村車站上車均有坐因時間尚早七点半故也余至箭斗橋南買竹桿太早仍回至文師一坐十点取車再買竹八根一元六毛歸为架葡萄之用也在屋前之东作架植之竹已十二点矣柏有电来約飯返則詢兒已食完飲酒半鍾食飯二碗一点一刻赴民進会饒毓苏談入党經過而体会甚好六点半返家再竪二竹架上層之竹八点許松偕湘回继而柏乘詩兒回八点半余吃麵一碗九点許始将架之好

十六日 一 晴和

上午又看恩克斯之野蛮与文明一遍体会稍深恨平日之未学也

下午看满和对译满洲实录二三十页 颇有发见 夕访伯平 九点返 途看实录至十二点后 凡百有余页 得一条 汉文农夫二字 满文原作耕田之奴仆 可珍也 是日下午讨论写信留学生事

十七日 二 大风 突又奇冷

终日看实录 张鹤年来 付以四元九毛 了清文汇书 所请建国

别记之债

十八日 三 晴 小风

上午看实录 至下午完 凡四百余页 自写文件 夕回家 上午十一点许 三联编辑部杨某女来告 清史杂考已在考虑 朱南铣不日来面商 又询可否写清代文字狱 余答二十年之稿可以商量云

春日花開
薰風習習
引領分駿
去日成已

十九日 四 晴

是日作書与㬎師告近日讀書情況及思念之殷中夜每閒

末日下西山驅車海西道上兩岸垂楊个个欲舞習風送人甚

是醉人寫供海外一箋末云片羽遂成寄出分外之想故國在

賦曷興田園之思 留底 送韓主任閱並付羅明道發之

二十一日 五 晴

竟日作文成第一節問題的提出凡一千六百餘字

二十二日 六 晴

继作第二節滿旗形成前的情況因学習批判个人崇拜未完

只成一千字 六点返家飯後松以引鋼筆贻我当善護之

二十二日 日 晴雨

上午作花畦砖边成三分之二，再一前可毕功也 下午四点过赴参加庆祝西藏自治区筹委会成立大会，会后大宴看电影

二十三日 一 晴 又风

竟日作第二节，数凡二千字 敬颜以史语所集刊第六本（十元六毛）第三下册让我，中有孟森八旗制度考实（十九元六毛），留之 并所作两节颇见称许，唯云第一节宜稍压缩，尚称我心 夕观音乐会 文化部举办

二十四日 二 风

上午政治学习小组会四小时 下午作文 第二节满族奴隶制形成的经济基础

二十五日 三 风

上午继作文 下午又小组会 晚仍作文

二十六日 四 晴

上午科學規划会二小时 下午敬顏来共写文件 晚仍作文 寫函於郭江森 材料四千余

二十七日 五 小風 晴

整日作文 經濟基礎成 凡四千字 为之躊躇滿志 晚七点半研究部党支部成立大会 余代表本部为民主党派致賀詞 到会者六七十人 未有之盛况也 高潮到矣 是日得衡陽地區中級人民法院終審判詞 廓女以不服判決而投河自殺手段抗拒政府 判徒刑三年 現在[illegible]押 俟其出獄補

助生活费一百二十元云 於文師傅字本の中午与朱南銑一談 朱来信云然也

二十八日 六 晴小風

是日作文第三節 有之改字 下午六点返家

二十九日 日 晴

是日不休假 与星三二互换也 作第四節 向於滿族階級結

構的分析 五百字耳 六点返家 与湘平看旅行者 印度电影

三十日 一 陰小雨 為本一洗塵也

是日继作第四節凡二千字 六点返家 偕平湘往東柏安

家積未設 喝咖啡两杯

五月一日 二 晴凉

劳动节也 早起秉参加游行 柏宁平湘步行 余则骑车于九点前到细姑快姐友姐安荫湘已来 同往西单 亦至西返 听长沙电广播 不曾亲到天安门也 十二点许秉来饿而柏宁平湘始到 中途看游行故也 二点松来 四点叔家六来 五点午睡 七点叫松回家

二日 三 晴又小雨

九点与松宁应林兰蕴至颐和园 秉柏平湘已到 等至十二点细姑快友姐宁璋珩来 坐排云殿前野餐 小游後山 抵谐趣园遇[redacted]雨 四点半歸

三日 四 晴

八点一刻返部 作六百字 下午開規划会四小时 夕 課

四日 五 晴

上午開規划会二小时 正午 [redacted] 去文師处与朱南銑

人民出版社负责編輯談四小时 颇洽 对清史雜考定月内付出 修改計

画 清代文字獄寫作計画于二十底付出全之 二年内全稿 五点返

家 六点返部 訪永〇 知耀華將赴列寧格勒民族学会

进 耀華久談 早作二百字

五日 六 晴

上午作千字 下午開会 学校教学規划報告 苏联西院長 五点

許返家 飯後去秉五家 柏小病未歸

六日 日 晴 微雨

早五点半起床 六点騎車至東車站 與富介壽 王鴻增 張旭生等共十人去天津 搭車十一点半分始到 民進天津分会接至起士林午餐 二 後去天津政協參觀科展 四点訪崔伯韜見其母妹 五点返政協坐談 六点十九分車 快 九点半分抵京 返家在十点許

七日 一 晴

八点返部 作一千字 下午開規劃会 四小時 夕與孫鉞賀敬觀談 是日毅生贈我恩著兩部 家庭私有財產和國家的起源 反杜林論

八日 二 晴
上午作一千字 第四章畢（凡六千字） 下午至南舍四少翔 耀華來
告別 略談數語 夕課

九日 三 晴
上午思作第五章 農村公社式的拖克宗及其它 來人了
解徐海超 林耕 劉江林 取殘書四十三本（四元） 去 留讀文鑑
樣本兩冊（凡四十八冊二十四元 似太貴矣）

十日 四 晴
作文 拖克宗 千餘字 省黨員標準第一条 見韓主任 告二聯
約稿事

十一日 五 晴陰涼 小雨

什文千餘字 下午敬颜来对第四章提出意見數處多可采 看党員標準第六条完 夕浩凡来講党課甚扼要

十二日 六 晴風

八点二十分搭学院車入城 敬颜約至科学院圖書館 至二所訪王崇武 看李朝實录 精装五册合七十二元 末松保和編纂 日本学習院東洋文化研究所影印本 出往隆福寺看書 在張存彭家 [redacted]見康雍乾嘉道及朝鮮人賣房地契十一張 索價八元 以一元得之 可珍重之史料也（頗貴） 後至鴻文閣買滿洲学報一册（第八九）二元 至修綆堂買養吉齋叢录八册二元 最後至文奎堂見康熙四七滿文清文鑑十册 武英殿刻本 上有「安樂堂藏書記」印 又有「元太祖三十世孫奉寬印」印記

余知安东堂为康熙皇子忘其名傅索价五元空之又乾
隆三十六年增订清文鉴八册の十六册轴郭江林纸九元价十五元
亦留之门至东四人民商场吃牛肉饺子然后往民进总部
取车返回途六点半矣　五点敬颜又来谈　六点回家
十三日　日　晴
是日细读竟日傅细三四尺之宽为之大累　夕访文师
以清诗纪事初集序见贻谬四家子受所书也
十四日　晴　小风　上午见夏主任亦告以三联约稿事　空本同小文庄之
作文五六百字　下午又为敬颜入城先至开通巷请文鉴样
本二册收四十八元五角　往鸿文阁买满鲜历史地理报告

第十の冊四元付文奎堂六十元取兩部清文鑑而歸 又買張壽彭所藏乾隆北京圖照相片一張長一尺寬八寸五角 七点許同至沙門德華茶房前檐桃餛飩共吃五碗一角 北京之名產價廉而物美寶過成都之美而廉少食館名也 直已九点許

十五日 二 晴

星日休 完第九章約四千字 下午韓主任約談有、水白汪明瑞朱寧程湖派未到成立爭取留學生回國研究部工作小組命余為組長朱為秘書餘為分組長 五点の十分集二十四人應二十八人の人未到宣布之 夕課

十六日 三 晴又風

韓生來求其一閱並以乙丙日記貽之

上午修改作文 午睡時松來借黨史提綱去 下午學習五點比賽排隊 余被拉入 女多男少 以二比十五大敗 五點半張錫彤來談商入我部事 李耀華接頭 當為一試 留之飯不肯 飯後訪吳老 八點半訪吳院長不在家乃回

十七日至二十一日忙于作文 于十七日作完本文 近二萬字 十八至十九日寫完附注 凡百七十有八注 六七千字 因夏季任赴東北 故先送文師 二十日偕松寧率兒逛動物園 建築都新式 即美國亦不多見 秉立來而參去 因有義務勞動之故 晚得見文師 為之看出 只提意見三小處 反覆許申之解及石廷校 略補一二語即了 返家重讀一過改之

二十一日 一 晴

上午又讀一过，多加改字，數頗來宗，現擬之處，擬竟宗内之婚姻問係及東山十三山之事，極是，當照改。又从今西考錄所鈔先海君日记，找出材料之四，此見可感。下午看科学院長遠規畫考古与歷史。四点开会，五点吃饭，五点半入城，至天橋劇場看《十五贯》，不愧推陈出新，而為強記家一棒喝。

二十二日 二 陰

張來，付以八元，買二今復覺乾隆升平。下午伯平來，當觀所作一过，以大作相許。

二十三日 三 小雨

往中山公園開会，討論年鑑，討論陳鼎文的談一小时返

已三点半 送文章完

二十四日 四 晴風雨

光明日報史学副刊出范文瀾介紹一篇待字闺中的稿件

是对刘克讓之文估價送高大 夕訪馮付夏談

二十五日 五 晴

家驊来談刘事 向韓主任彙報 看明清史料乙一冊

二十六日 六 晴小風

整理中國少數民族从書目录 下午坐談 家信 二十元

六点買長白山葡萄酒一瓶而回

二十七日 日晴

早起砌地 至上午十一点砌完屋前东面地 鄰居鄧四之若不道好在實点整潔可現一东也 下午二点至城開会：談將張錫飛見之問題介之于富介壽同志 六点去找蜀華同道而返且騎且談可謂善于利用時間者矣 秉柏卓平湘燕同飲長白酒

二十八日 一晴

上午鈔出山海經聞九葉去夢園集會 下午敬巖送請之一朝宴為採要八年八元鴻文閣 來稻葉君山之書有批或是內藤湖南手筆可寶也 夕買長白酒往賈家飲之孫鉞同座

二十九日 二 晴雨

上午看明清史料乙第二冊完 改定書目 中国少数民族史料丛書 交費院長 看清三朝實錄一卷 午飯後遇翁費邀至費宅并約馮傅王靜如賈敬顏談向於少數民族歷史研究中的幾个問題 二点半翁馮来余室看殿本清文鑑略談而去 四点許費送南京图書館代管藏書目錄十二冊 送定明十至十二点約十一二人選書

三十日 三 晴

上午馮主任看完余件指出修改之處 午六為之改正

下午翁来 馮付靜述賈敬顏柳談明少材为報告也

三十一日 四 晴

上午改好余文丞賸稿付印以待改排字 下午赴教務處召開語文小課程會議 六點半散 夜改附注至十二點始畢 蘧雅齋送崇禎存實奏稿十六冊 六元 順治元年內外官署奏疏一冊 一元 來

六月一日 木 阴雨

看光海君日记 今西春秋节抄本 十至十二点贺郭来谈韩告写件

下午写一千字 六点半回家 买酥桃饼六枚以贻儿辈

二日 六 晴又雨

上午看光海君日记二册完 下午看学生会演 六点回

三日 月 竟日雨

上午送夏震至资治通鉴标刊记所小山谒文师 十点半回

回 秉柏来 下午不能作文 以雨儿辈皆在家也 看顺治

元年内外官署奏疏完 夕写六千字至十二点完与贺郭

合之成明於少数民族历史研究中的几个问题一文凡七

千字頗不相稱未好之作

四日 一 晴

早起六点往翁宅 至則七点一刻 翁尚未起 談一小時而返

上午看仁祖實录今西鈔本 下午赴人大科学討論会 戴逸中国近代史的分期問題 七点返 夕訪馮林与林談最久

五日 二 晴

九点半与陳述赴文化部古旧書業会議一日 副部長鄭振鐸頗致殷勤云 夕課 看仁录一冊完

六日 三 晴

九点与柳陞祺赴西苑大旅社科学規画会 十一刻返 下午

午課堂討論 晚飯後謝靖賓贈我天聰汗錢一枚 仿製也 購備一枚 又赴林宅談談列寧格勒之行 十一點返 又看仁余子十頁

七日 四 晴

看仁余二冊完 付送所作來閱 見意似差 仍又回回討論去（俾提出） 歷史研究編輯部送來列寧格勒所作靈夷戎狄稱謂考其甚意義 看仁余二冊完 下午看付作以政策改為口号 借以表面作文章 亦未解決任何問題 以考据家自居 而不能原始材料与次料之別 殊可笑 六点半回家

八日 五 晴

八點返部 看清太宗實錄卷三四完 寫出意見兩條 下午
小組會討論王靜如擬奴隸社會性質調查參考提綱 抄書
多而結合實際少 不解決問題 打字室送來件校 打成
二十七葉 葉逾千字 近三萬字 抄至下午始畢
九日 六 晴陰
早起習滿俄文半年來未曾間斷 聊以自娛 廿日搭涼棚
自十一日至十六日每日均有會 十一日校慶 十二三日往西苑大
旅社開科學規劃討論會 十四至十六日社會性質調查參
考提綱討論會 頗有所得 十五日來薰閣來 付以七元五角
崇禎存實奏疏抄十六冊 六元 付大公報一元二毛五
順治元年內外官署奏疏一元五 斯大林全集一元四毛（第十三冊）

此于六日内看朝鮮仁祖實錄六册，凡二三百頁，皆係今西春秋之節抄本，与光海君日記俱为治天命天聰两朝之大好史料矣，論之奇快。天聰十年以前皆稱大金國，崇德元年四改大清國，唯順治元年十月入北京始即皇帝位，可于仁錄證之也。

十七日 日陰 小晴

八点秉柏来，余与松入城，松访細姑，余則赴民進会也。十二点往鄧宅，王劍英来飯談，許大歡来譚，李龍来商六十年史最後部分清史目录由陈衡哲助編也。八点始返家，松有不愉色。

十八日 一晴

是日看金毓黻東北文献零拾（六卷一册 石印本）完，亦有可采者，唯不留

論語而喜談對音，以哈達山即是海龍水徼，以完立媽媽之瘟神
即真是萬麻媽媽，有另麻帝帝之母，可笑之至。晚回
十九日　二　早雨即晴
楚云昨夕發燒，買蛋糕（六毛八分）食之。湘云留家以陪。夕卅蔣
家驊看電影牛虻，佳極。
二十日　三　晴
上午聽羅華談原始社會史之研究，頗有見解，惜語頗瑣
下午看明魏煥皇明九邊考（十卷四冊），完好書也。嘉靖刻本是
矣。而謝國楨跋云刻于嘉靖辛丑（二十年），乃誤，不知書前張環跋
明云錢棒於嘉靖壬寅（二十一年）書，後趙鳴鳳又有嘉靖甲辰（二十三年）

叙是始刊于二十一年刊成于二十三年十可知记之本书已引有

嘉靖二十年五月六部题语（卷六叶十二）即据之成书在二十年

耳　谢以目录学自诩不应麤疏似此

二十一日　四　雨竟日

上午开会至十一点（原始社会性质调查提纲意见）　略翻明张雨边政考（四卷）王士琦三云

筹俎考（十二卷）一过　看陈诚西域行程记西域番国志（不分卷）自是治

西北史地之上等史料　下午五点张君懋来付以十元（前欠卅二回家[illegible]）

二十二日　五　晴

八点追前付公来五人读余作去皆说好　九点翁来开会二小时

下午检所作示余陽楮条云已改好样本一册希望在可能記

圖内部以標記，本來破文無需苛求，但为了科學性的提供材料，似乎罗馬字拼音的满文也不可少，總之在工作上給您们添加了許多麻煩，不勝惶恐之至。始看寿邃破画

自二十三日至二十九日看寿邃破画凡十二册　二十六日偕鄧珂推薦書與乾華庵安長　二十七日往隆福寺還鴻文閣八元　清三朝實錄采要八册　二十八日發科學討論會計画　部内同志馮、郭、孫、蔣然、吳、彭紛向余索稿去以應　夕回家　二十九日看溥王、陳、賈、林諸件　夕覺累早睡，静思須修養，火氣太旺，不知何日始能改之

三十日補發論文數篇　亟讀而不能竟

朱之地址：①东總布胡同十号人民出版社子編室 5.5880 ②大牌坊胡同十四号宿舍 5.0160

七月一日 日晴

昨夕看明清史論叢一册 今晨又讀一册 九点送至文如郎略坐談並視小山 以巾作貽之 下午小睡 六時始起 四至七点理發

二日 一陰 未雨

自星日起開科学討論会 朱南銑楊璞来 午餐後朱来我暢談兩小時 催我清史雜考之討論寫一篇目介之 去函南路流旧作擬寫皇太極時代的满族社会性質問題一文以增之 朱于余作满族在努尔哈齊時代的社会經濟形態致為揍許 付岀我於外 一般反映對余作都非常贊成 華許大齡 多為余作後仍侍修改而已 引起史学界重視的事实也

三日 二 晴

早楊守琛告科學院史一二所諸同志對余作均感興趣，要求來談 是日分組會余參加甲組 民族史 櫻蓮師寄來元朝秘史考記十冊

四日 三 早雨 雨霽

上午由余與賀傳報告 余十八九分 賀十六八分 傳六十六七分 尚鉞來 鄭天挺來 張政烺來 尚俱不同意余說 張則以余作材料十富 請諸位確 引起了爭論 下午閉幕 劉大年主任之發言最為生動深入

五日 四 晴 省遊 專時 歐陽二午 上午得中央民族學院加全國圖書館工作會議大會請柬

六日 五 晴

上午輔導一中兩年 九點半至十一時 教務會議 付告徐中舒亦贊許余作 託楊守琛送之也 下午訪潘光旦談 孟吟談 夕聯歡會

七日 六 晴

看萬壽遊頌畫至第十九冊 作書與曜師告所寄已分贈十人 鄭、翁、聶、馮、賈、Edkins、部圓、齊周、余留一冊、

王 鍾 翰

我院於七月二日至四日舉行的科學討論會，已按期完成了。

我院成立迄今，雖已逾五年，而正式舉行科學討論會還是第一次。雖然由於經驗缺乏，時間倉卒，籌備工作不夠充分，有待改善之處亦復不少，但總的說來，是成功的。在短短三日的科學討論會中，我所獲得的敎育、幫助和啓發是很大很多的。現在只能簡括地提出幾點感想和體會，俾供同志參考和指正，作爲个人與同志們共同努力的借鏡。

第一、此次科學討論會之所以能順利舉行，固然是在學校的正確領導和各有關部門的大力支持下，發揮了同志們的潛在力量；而更重要的是由於黨提出了「百家爭鳴」的方針，啓發了同志們向科學進軍的信心，鼓舞了同志們對自由討論的重視，才能使得同志們大胆提出自己的論文。雖然在論文中有許多地方分析得仍不夠深入，材料仍不夠充足，即使得出的初步結論，也未見得達到了成熟的地步。大家都知道，中國是統一的多民族的國家，無論在現實的生活裏或在整个社會發展的歷史過程中，到處都要碰到民族問題，中央民族學院研究部又是專門研究民族問題的科學機構，我校此次舉行民族學術的科學討論會豈不是「義不容辭」了嗎？但仍必須指出，我們的科學討論會不是爲了討論而討論，爲了爭鳴而爭鳴；我們是爲了解決具體問題，使民族問題的研究工作更能切實地反映現實，總結經驗，指出努力方向，以便把民族研究工作推向科學的社會主義的大道之上。

第二、在此次科學討論會上，我个人也提出了一篇論文：「滿族在努爾哈齊時代的社會經濟形態」，由於時間的緊迫，可以說是一篇「急就章」。仔細檢查起來，可以改進的地方很多。即如材料方面，「滿文老檔」有無圈點的和有圈點的兩種我都沒有親自去故宮文獻館查對過，「朝鮮實錄」已從大連圖書館搬來北京圖書館一部，也沒有校閱一番。這只是舉最重要的幾部歷史著作而言，其它有關史料更多不勝舉。這充分說明了搞研究工作必須有長期的計劃性和刻苦的鑽研精神，日積月累，才能水到渠成。在這一方面，我个人過去作的是不夠的。通過這次科學討論會，在黨和政府的敎育和培養下，加上同志們的幫助和个人的努力，我相信一定能夠完成組織上交給我們的任務的。

第三、通過此次科學討論會，我深深感覺到自己的理論水平還很差，同時也認識到理論學習的必要性和重要性。在每一次會上，平日具有高度的馬克思列寧主義修養的同志，對問題的提法，對材料的分析，是能抓住問題的中心，也能解決問題。即使有的不能批評得針針見血，百發百中，然而在總的方面，仍有很大的啓發性的。再就我提出的關於「滿族在努爾哈齊時代的社會經濟形態」這篇論文而言，從我个人方面來說，總算盡了一些努力，即按當時滿族的生產力與生產關係來分析問題，是我學習馬列主義理論運用到歷史的研究上的初次嘗試。爲了寫這篇論文，也曾「臨時抱佛脚」地讀了「反杜林論」及其它。當然，由於時間的限制和以前未曾好好學過政治經濟學，現在倉卒應戰，硬着頭皮搬弄這一武器，不能運用自如，也就可想而知。我說這話，不是爲我的理論水平不高而辯護，正是說明今後要加培努力學習馬克思列寧主義理論的必要性和重要性。

第四、也是最後的一點，此次科學討論會肯定是成功的。這與參加籌備的所有工作同志的熱誠和努力分不開的。比如打字、油印、鉛印的同志不分晝夜地趕印論文，會場佈置的莊嚴堂皇，招待的無微不至，使得參加討論會的專家們口口聲聲道謝，就是最明顯不過的例子。但這不等於說此次討論會沒有一點缺點了。論文的印發參差不齊，姑且不論，而十幾篇洋洋大文，不下三四十萬言，在開會前的三天（包括星期日在內）才打發出去，希望收到論文的同志都能篇篇看過一遍，固然不可能，即是對某些論文有關的專家，要求他們能於兩天之內，抽出時間仔細閱讀一番，似乎亦不大容易。最好能在開會前的一月或最遲兩週送出，此其一；再則，邀請專家，不妨徵詢論文作者的意見以供領導上參考，如果只由主持籌備工作的一兩位同志坐在辦公室裏開名單，難免不有遺漏。此其二。

總起來說，此次科學討論會是第一次，成功是肯定的，缺點是徵乎其徵的，而且相信下次一定可以改進的。我們既然有了一个好的開端，來年的科學討論會一定會比今年開得更好，大家都努力吧！

十月十二日 子 晴凉

上午自家赴校与苏冰主任谈至二小时之久相见以诚互有批评校所出民族学博士试题三个 下午发两信 一复三联朱南铣 一复六儿并上母二十元 取三联汇来清史杂考约稿合同六百元

不作日记两越月矣 夏中休假凡十日为六七年来第一次 本欲返里省母又欲作青海或苏州之游俱以无旅资无时间而作罢

我院新成立历史系以历史教研室主任之责俾余中史有陈述 胡德煌 孙钺 程溯洛 苏晋仁 吴恒 郭毅生 杨学琛 石钟健 石以病辞外 史有柳陞祺 李文锦 陈服丽 自八月以迄今日新聘的张锡彤自政法学院转来 徐宗元自福建师范学院 鄺平章自北京师范大学 规模粗具而後

于人矣。開學之初，工資改革，余被評為四級教授（原十二級，應定六級，升為五級，今四級，是實升六級矣），自係大力提拔之事，此後當如何努力以赴，方稱斯任。月薪由四百三十六元增為六百五十元，實增百分之五十而弱之數。從四月起補發，都四百二十餘元，以百二十元存銀行（二年），為庫事償柏百元，新買紀事本末彙編（凡七十六册）四十八元，償舊書債四十元，共用去四之三餘，則家用大致量入為出，收付相抵矣。是中多雨，二伏後極熱，不多伏案作書。看籌遼碩畫（四十四册）竟，看明清史料甲乙編（凡二十册）竟。開學以來代上古史課一月有餘，徐已于昨日正式上課矣。又看紀事本末彙編二十有四册。陪三叔（自長沙來）郊游一日（北大、清華、靜宜園、碧雲寺、大佛寺）。足記者如是而已。

十三日 六 晴涼

早飯後正看鴻猷錄 羅致平來商歡送韓主任（調西北民族學院）事 又同訪孫青主任 始定下星期三晚舉行 略備茶點 重在談心得

下午早返家 森弟來吃肉餅 看兩般秋雨盦隨筆卷五數

十四日 日 晴

早起 九點携湘庐楚雨燕訪兜往北大東操場游戲一小時 歸至文殊師家坐談一小時始返 託廣姐鄭璞買滿文老檔（和田清 山本達郎 岡田敬二 本田信實譯注 東洋文庫第17種）及李朝實錄（末松保和編纂）兩書 因運之作西山覺日之游尚未歸也 午睡 聞良弟來 起則森弟亦來 晚飯後酌沙州老窖兩盅以飲 浴

十五日　一晴　支松二百元存什迈湘川货

八点许迈部　十点至系　与宗元谈　耀华兄来谈久之　下午十二至四点部务会议　翁葛皆来　韩主任告别也　四至五点　文会会　晚饭后看鸿猷录一卷　家驿来　补昨日日记

十六日　二晴

上午看鸿猷录二册　下午抄出明清史料甲编（从科学院图借来）中天命天聪朝纪事四叶　五点毅生来谈明清资本主义萌芽问题　颇有启发　晚往天桥剧场看乌克兰国家舞蹈团演出　坐第一排太近舞台看太真反不美观也

十七日　三晴

是日上午蘇院長路列格半院長來參觀查對錢室 巡視一周 詢余治滿語史 甚以為重要云

上午開會討論建築圖書館之事 至十二点半始散 主持其事者多从主觀出發 無決大力改正 下午学習八大文件 五点松來同往訪秉柏 將抵遇秉樸平出 少頃柏亦回 談長沙事久之 返家已九点許矣 是日錫朋搬家 午十一訪之

十八日 四 晴

上午又抄楊昔里覆騈事蹟二册 还科学院書 省鴻獻彙完 十六卷

十一点偕宗元看房 乙门号 再至張新居小坐 徐欲与之隣居 因二号尚无人移入也 下午二点許至五点半參会談圖書之事 極久 意見甚多 非从根本不可救藥 而圖主任又頗難其人也

六点返家 是日買帽一 一角 掛兜 七角 手巾一 自用 九角九分

十九日 五 晴

八点许教务处马汝楫送日语试卷来阅之，定二十分，因副博士研究生考日语者只一人，从严也。叶美棣来谈张景兰事久之。

下午看治世余闻上下篇数。五点讨论张魏福利补助之事。六点与叶杨啖大锅面，半月为之大饱。去访韩主任，坐谈半小时。韩调西北民族学院副院长也。

二十日 六 晴 甚冷

上午看书。十一点与苏主任谈一小时。下午学习八大文件，全系讨论。休息时熊院长来访，商胡德煌政治系之课，本六小时改四小时，余以应商之胡本人，毋宁对。五点半回家。夜林芳来同习俄文，譯某

二十一日 日晴和

早森来洗衣服 陈宗舜来 秉柏携毕来 晓生谈 同舜秉折凉棚 柏携诱儿往松园玩 十二点运运来同酌泸州大曲半瓶 胜二锅头远矣 午睡一小时 五点访文师 谢题三朝实录撮要八册 及宗室王公章京世袭爵秩册四册 二书也 爵秩册第一册末有今上皇帝万万岁一行 后贴上光绪字样 另有今上皇帝万万岁则指宣统 第四册庆亲王第三子绵懿下有宣统九年 是知此册始于光绪末年 逐加增改 以迄于民国六年也

二十二日 晴

八点进部 看历史上的宗伦人（载内蒙日报） 补昨前两日日记 十一点至

条 自今日始定上午十一至十二点到系办公 顷傅公询以史公始于共和元年见于何人之说 余以其见近人何书未遑答之 适严某来 同为介于孙钺 下午六时部会 付以见六国年表告徵自表白 适见其此常识于怀也 部会谈图书资料问题甚多 余以院图管理不善责之 陈述其词以对 最后苏院长谈民族研究所之事 所长以刘春晖声最高 七点散会 晚饭时苏询许级 余略举北大以对 孙程柳孙副教授似其问题宜则缓一年 其妨碍恐须作思想教育矣 看名卿绩纪及靖难功臣录完

二十二日 二 晴

上午治膝病 肺须休养三个月 出孙青同志谈希调一千部来

看島田好清薄哈連部考（满洲学报第八九期）得其大意 细微处不甚了了 下午与治鍒谈 与文成谈 夜七至八点与佘苏谈介李法章很已相当寻家局 似不能来也 八至九点半访杨明谈 继访叶美棣谈 俄而杨明亦来 因村户而居 谈至十一点始散 杨欲一试图书室工作 余亟赞之

二十四日 一 晴冷

昨夕睡不佳 起即昏昏沉沉 看书不甚深入 午睡亦未佳 下午看萨哈连部考亦不甚深入 正午胡法煌见李约与浩凡先谈 再与熊院长谈与文中正 闻之佘苏此公颇执拗 殊不直截了当 以此事诉之即允 是夕早睡极酣

二十五日 四 晴 少風 冷

上午省書 與孫主任談空楊明自資料室調圖書室 十點許資料室會 余宣布調楊事 葉張同意 鄭有難色 乃說服之 十一點去系看學環所寫稿 潤十餘頁 下午二點半系會 翁來談工作暫行規定 分組 歷史專業近二十人討論至六點散 六點返家 是日重寫達呼爾一文千三百字

二十六日 五 晴

早起加裹衣褲 八點返部 繼寫達呼爾七百字 序言畢 十點半穆生來談明清乃近代之史 多着重社會性質之分析 又泛論人才與大中學教師之重要性 甚憂人暫不調矣

下午寫呼爾哈部不是達呼爾人一段近千字未完 晚寫韓
約往蘇聯展覽館看法國电影 十点返
二十七日 六 晴
早飯後往看宗元 見搬家尚未到 到付宅談 借盛京通志
六函缺一冊來 鄭啟嫿來談久之 下午四点許又往徐宅
已到一車、返北大換自行車外胎 五点許回家 是日只寫
五百字 文思太遲鈍可知也
二十八日 日 晴
早起 九点借許兒往北大取車 共九元六角 陳宗敏借去 遊頤園
看江葉 应方謂是黃葉將返江耳 至東操場打秋千

楚楚亦不敢上既上肩家不畏懼后來則不敢一試矣 順路

訪文師 王王均在座 俄而家積兒亦來 十一時返家

下午寧應楚楚散步 家積兒來訪 坐談久之 訪大齡二次

均不在家 既寢乃來 未之見 是日本林弟來伴報習俄語

丁未也

二十九日 一 晴 小風

早起訪大齡談 到樹訪宗之兄 賀新居也 留喫雜子一

枚 到象宗騎詩生來談 到部寫五百字 哆來哈一段完

約二千字 寫驛託打龍俄語考龍事 北大允之 下午六時

半訪耀華同往韓主任宅 乙19號 送行 繼來者金在治程

湘鄉朱寧付大婦　新年去　追檢寶彔已名達齋用一小冊

之力得之未作一字　五点去海澄買釘書釘二十个　一毛四分　夜

閱兩般秋雨盦隨筆畢　自買來回家消遣誦之凡閱一月

書名則采自著者梁紹壬之高伯祖薌林編修之齋名也見

本書卷六葉二十六小注

二十日　晴　仍小風

早八点進部　伏案寫達呼爾人出于索倫部約八百字　另須

翻寶彔只好輟筆　張景蘭來告冬衣津貼只得二十元

尚欠二十元無以為生　余因而開箋之　不可借助少許　伊則

飲泣而去　出遇孫主任詢之　始知所欠二十元已代償之矣

則伊實得五十元，較所期大多五元。下午府印達雄來坐談久之，同往謁楊靜仁主任報告。印持努尔哈齊一文去。湘西人，有苗族血緣，今自報漢人。余一九五二年春去鄧縣參觀土改時始相識也。

十一月二十四日 六 晴 雪未融盡

未作日記二十有四日矣，而亟欲補作，每日或忘，乃日延一日，遂未果作。自是一惡習，必努力改之。此二十四日中，赴院中歡迎史家張徐二公之宴于鴻賓樓，初非一次，又十月節宴蘇聯專家切伯克沙羅夫於小灶一次，陪專家遊周口店，裴文中、[redacted]吴汝康及周某作嚮導一日，寫成達斡尔人出于索倫部考一文，約一萬四千字，文師閱後告其可補充之處，唯佳處文字不足以表達之，此余之最短處，未知係文筆之拙抑學識尚未成熟之故，或兩者皆兼而有之耶。又看太宗實錄二十冊一遍，抄出卡片數百張

上午十一点学璪来谈 欲深入方向近来究 余略言近代史条件稍好 明清史须克服一些 午饭后访宗元未遇 而杨万全、曾毕高积谈 下午年级辅导 对问宜究明解

下午小睡 补写日记于此 五点返家 应儿小病已愈 而燕儿又病 二人坐床上嬉戏 予以巧克力糖九枚 皆大欢喜 五点半赴幼儿园迓楚湘两儿回 七点始回

二十五日 日 晴

整日在家看邓拓所著从万历到乾隆（载历史研究本年第十期）完 以牛录白为牛姑（见十三）年课 又明末京西之煤为京城所需 见清太宗录 亦可补之史料也 拟作书告之 九点许良英

来寻去访森弟同入城访细姑 午饭刚过立柏携千儿来 下午小睡 起与许儿戏 乌阿姨为什驼织被成 晚即用之既轻又暖洵御冬之佳製也

二十六日 晴

八点前提至校与什杨往见苏联专家谈至十点 谈教研室半年工作耳 十至十二点省明清材料 人民教育出版社送来之 付公 下午二点尊六儿来告讲稿过室之事 阅周藤吉之文 什论文大纲定名为关于皇太极时代满族社会封建化过程的问题 五点返家 序儿又在家似尚未全愈也 五点半返楚湘燕之儿回 六点许森弟来 七点许去

二十七日 二 晴

八点許訪文師 告晒蒙古世系家譜也 九点許返部 看蘇联去年討論封建主義之源諸 十一点去參加部務主任談一小时 及伯事約下下星期内長談一次 指出兩点 即歷史上的關鍵性問題的思想轉变过程云云 午飯後小睡 看唐長孺之拓跋族的漢化过程与賴家度之明清二代之土地制度 均見历史教学 夕訪伯平見畧談 又訪尊六見与錫彤兄在張宅討論奴隸制与封建制之同異点 至九点許始返寢

二十八日 三 晴

上午清理所抄卡片數百張 下午政治学習 八大文件中之

民族方面问题发言不甚热烈于怯也　会后与文藻先生且行且谈　被邀至其家晚饭　冰心女士归又谈国际情况久之　伊将于下月中旬赴印度　托买一烟斗允之

二十九日　四　晴

上午又作皇太极时代满族社会性质的商榷一文之大纲略定如下：一小引　二自然力水平　三封建庄园经济の奴隶农为农奴　五政治制度　六结论即向封建社会过渡的之阶

下午二至四点开会听一年级学生对该课之反映　翁先生来　会后翁约何与余参加蒙古人民共和国通史之要本之编写工作　自是提拔之意　五点回家

三十日 半晴

看瀋陽狀啓完 可以看出四處農所爲奴隸制之莊園制，非所云私賃田，必是租佃關係無疑 下午寫二三一百字而罷 晚看首都實驗雜劇團之演出

十二月一日 六 晴

上午写小引千百字未完 下午二点半参加林耀华 黄淑娉二同志入党支部大会 均被全体通过 胡嘉家民委党委书记 苏克勤民院党委书记二同志讲话 上了一次深刻的党课 因号召群众发言 余点简短发言 五点回家

四弟晚来习英文 十点三刻始去 柏来 燕病故也

二日 日 晴

早起与松去五道口买鸡子 尚未到 饭后出欲往文師 而潘什翰来换明实录四函四十册去 余换七函七十册 又偕湘楚两儿去 十一点许返 秉及平儿来 四弟来

吃涮羊肉 八人不至四斤 皆有之 大饱 午后久睡 是日教湘儿习字 甚用心 虽天资不过敏 而孜孜于学 可喜也 夕看吴晗记明实录未完

三日 晴

上午八点许返部 写小引毕 共一千五百字 午睡起 三联杨瑾同志来 略述近况 并约月底一访朱南铣同志 六点至条与静生汉娟讨论学习八大文件总结报告 七点许返部 补写日记 发东柏一信 托向友姐代抄稿本 四点半访伯平兄谈 五点半返 饭后作文一千五百字 是日凡写三千字

四日 二 晴

上午作文一千字 十一点许馬時芳 吴澤霖之愛人 自成都來留之

午餐餐後偕馬去費家 下午二点半工会会商換新会員

證也 六点去費家飯陪馬也 八点回又寫一千字

五日 三 晴

上午作文五百字 付鈞谈新来助教齊永斌之事 十至

十一点聽胡德煌課 以歷史上之漢族為今少數民族之

大雜燴 此其一 又以北魏分貴族王公為一至四品 文武百官

為五至九品 均係民族化 此其二 乃大有問題 下午二至三

点与苏主任谈 三点许与齊永斌谈 四点至吴恒谈

复访徐见畅谈 五点半邀至小店内室小酌 余笑谓曰 余来此四年尚未发见有此佳处 而兄来不过一二月即升堂入室矣 为之拍掌大笑 八点返 又作文一千字

六日 四 大风

上午改作一千字 十点半东条为齐介绍于徐 与苏主任谈 吴恒在座 日气与昨大异 十一点返部 又改五百字 领薪 凡六百七元 实领一八八九四元 扣除膳费小[illegible]费二十元 下午二至五点东条会讨论学生负担过重问题也 翁来主持 会后同饭 七至九点翁对一年级生作报告 余亦参加发言 多知学习情况也 贾敬颜来信 川之亦请同翁夫妇元日饭 空之 此外拟同林传 张徐诸公

七日 木 晴風

是日作文近二千字 为之一快 夕党课自学小组会 辩举谈

自我思想检查 颇有条理 但累赘过于系统化 近乎公式

余提意见两点 一为批判与详人之间体参加讨论为胡涂

胡涂二字似不足以解释 应当遇事多找理由自辩 此则

仍宜深入

八日 六 風 亟冷 室外0下十二度

上午八点半 苏联专家召集学术讨论会布置工作 十点散

继作文二千字 写第二节 皇太极时代之生产力水平 完 至此

共写一万二四千字 此文非四万字莫办

還文師送明實錄十函百冊（万歷）

九日 日 晴和

是日為平林之兩兒作生 實則平兒十二月八号生日 林之兒十二月十四日生日 因均非假日 故于此日一小酌耳 秉柏攜平來 細姑嫂姐亦來 森弟來 良弟下午始來 既云佳肴而有美酒（汾酒与玫瑰露） 自是難能可貴者矣 下午二点半赴民進開会 定此次分開小組 我院則成立支部 一季聚会一次 点對

買褲二元七毛九分 買錢 晚餐後 客散去 沐浴

十日 一 晴和

八点許進部 寫第二節大莊園制經濟与租佃關係 下午寫

穿棉褲自今日始 因余前買者不能穿上 裡面而松所

製女又不能披之于外易而着之莫不合身皆大歡喜

是日作文六葉凡二千字 下午五点半赴園中偶遇齊致中先生邀之便餐之後談至八点而去

十一日 晴

是日又作五葉凡二千五百字

十二日 晴冷

是日又作五葉凡二千五百字第二節完 晚訪徐宗元兄坐談片時而退

十三日 晴冷

是日上午作二千字第一節 下午又作一千字 晚返小林寓

来谈入党问题至十一点始去

十四日五　晴冷

上午八点许进部　未作事業　委会电告開会九至十二点始散　下午二至四点　王增田科长读考试考查规则

晚七至九点座谈铁托发言　（昨日下午毅生来谈进修计画　以鼎少山所编捻军六大册贻之　即托持去）

十五日六　晴冷

上午作文　可五百字　锡彤见送稿来提意见数处　以（前日送去一篇）材料丰富　读之一快　许为佳作也　下午二至四点委開会　補写日记

十七日　日　晴

早起　八点许与松扬回儿入城往细姑家补画也（本旧历十月十七生日）

湘弟六点来　森弟六点来　柏与青来　立来　餐后小憩　三点许

即回　七点许　森湘良钧来　小酌　谈至十二点始就寝　良

迪松去　森湘留宿

十八日　一　晴

上午写草四节　千五百字　下午翦伯赞来作报告　夕

至吴老宅小坐谈　淞心女士告不作印度之行　烟斗作罢

吴老有出就图主任之意　可喜也

十九日　二　晴

上午作了千百字　松田告林之兒病甚重　往約下午談

辭之　正午返家　視林之兒病　肝炎也　即俗名黃膽病也

下午留北大醫院陪林之兒　看校婦系哈齊一文　錄字太多

只看十頁耳　夕返家　看之兒　作第四節完　約六千餘字

夜住院陪林之

二十日三晴

整日留院陪林之兒　校文十頁又十頁　本文畢　夕早睡

太疲之故

二十一日四晴

上午留院　下午返校　系會　四時許仍回　往海淀買藥

買方糖 楚頤喜吃連吃十枚 夕森弟來 華弟信來附
相片一張 依皆之表示也只有華琴妹不知其蹤 自是
日始請老喬之女來護理 抄小註完
二十二日 星晴
上午留院 复看吟文一遍 下午追抄之 重閱第四節
病似差強人意
自二十三日至三十日 提寫皇太極時代滿族向封建制的過渡
一文 直至三十日始脫稿 凡八十九葉 葉五百字 約四萬四千字为
余所作論文中之最長者 據立菴云此篇視努尔哈齊一文論
証差強 又改出奮鏑、西征之二通 二篇自覺理論与文字均視四年前有進步，頗自喜，仍覺以此自滿。蓋學問之道，不進則退，戒自滿也。三十日 上午十一時訪文師，談半小時，入城至琉璃廠，欲買天聰錢一枚，索三元，予以二元，不售，罷之。訪張君，恰不遇。至向通，稍得八九種，共三十四元六毛，但具一元，掃數償之。四點趕到東總布胡同十號人民出版社，找朱南銑同志，求其篇：皇太極、達噶爾、奪嫡、西征、三通、連努爾哈齊已在修手，共六篇，計十六七萬字，尚有四篇，允于一月內至遲二月中向承稿，未見有之能成。遂訪季龍（不值），訪家楨，同往東四食堂，四條口外偏南路東南菜館，點東安雞、肘子、牛肉絲、番茄牛肉，出自帶蓮花白小酌，談至暢也。飯後已六點半，朱見先去。

余又往家積兒處小坐 季能仍未回 乃返已十点矣

二十一日 一晴

早起看書 為兒輩講故事猜謎語 十一点許松歸 午偕三兒至交道口同和居小食 蔬菜最壞 燒餅尚最好 飯後買小兒書三本 与三兒而返

此季補書並不多 寫文最多 平日不多積儲 臨時与臨渴掘井何異 勉之勉之

又二十二日 領院發稿費六百二十五元 另文及明之女真 對林林兒之治療大有裨益 不然竟不至借貸以拮据不堪